스펙타클의 사회에 대한 논평

Commentaires sur la société du spectacle
suivi de
Préface à la quatrième édition de *La Société du Spectacle* © Editions Gallimard 1979
by GUY DEBORD

Copyright © EDITIONS GALLIMARD (Paris), 1988
Korean translation copyright © Ulyuck Publishing House, 2017
All rights reserved.

This Korean edition was published by arrangement with
EDITIONS GALLIMARD (Paris) through Bestun Korea Agency Co., Seoul.

이 책의 한국어판 저작권은 베스툰 코리아 에이전시를 통해 저작권자와
독점 계약한 도서출판 울력에 있습니다. 저작권법에 의해
한국 내에서 보호를 받는 저작물이므로 무단 전재와 무단 복제를 금합니다.

GUY DEBORD

Commentaires sur la société du spectacle

스펙타클의 사회에 대한 논평

기 드보르 지음
유재홍 옮김

울력

스펙타클의 사회에 대한 논평

지은이 | 기 드보르
옮긴이 | 유재홍
펴낸이 | 강동호
펴낸곳 | 도서출판 울력
1판 1쇄 | 2017년 2월 20일
1판 2쇄 | 2023년 11월 20일
등록번호 | 제25100-2002-000004호(2002. 12. 03)
주소 | 서울시 구로구 개봉로23가길 111, 108-402 (개봉동)
전화 | 02-2614-4054
팩스 | 02-2614-4055
E-mail | ulyuck@naver.com
정가 | 13,000원

ISBN 979-11-85136-34-9 03300

· 잘못된 책은 바꾸어 드립니다.
· 옮긴이와 협의하여 인지는 생략합니다.

차례

스펙타클의 사회에 대한 논평 _ 7

『스펙타클의 사회』의 서문 (네 번째 이탈리아어 판본, 1979) _ 143

옮긴이의 글 _ 175

일러두기
1. 이 책은 Guy Debord의 *Commentaires sur la société du spectacle* (Gallimard, collection folio, 1992)를 완역한 것이다.
2. 이 책에서 "스펙타클의 사회에 대한 논평"은 연이어 편집되어 있는 원서와 달리 번호별로 나누어 편집하였다. 그리고 본문 중의 주석은 모두 옮긴이의 것이다.
3. 본문에서 책과 잡지 등은 『 』로 표시하였고, 논문이나 기사, 짧은 글들은 「 」로 표시하였다.
4. 원서에서 이텔릭체로 강조된 부분은 이 책에서 중고딕체로 표시하였다.
5. 본문 중에서 [ ] 안의 것은 독자의 이해를 돕기 위해 옮긴이가 첨가한 것이다.

스펙타클의 사회에 대한 논평

1984년 5월 5일 파리에서
정체불명의 매복 공격에 의해 암살된
제라르 르보비시(Gérard Lebovici)를 추념하면서….

상황과 전세가 다소 위태롭다 하더라도 결코 낙담하지 말아야 한다. 모든 것을 두려워해야 할 상황에 봉착했다고 하더라도 결코 불안해해서는 안 되며, 사방으로부터 위험에 직면해 있을지언정 결코 겁먹지 말아야 한다. 타개할 수단이 전혀 없다고 생각될 때 모든 것을 활용할 수 있어야 하며, 적에게 기습을 당했을 때 바로 적을 기습해야 한다.

— 손자, 『병법』

1

 오륙십 명 정도의 사람들이 이 『논평』의 출간을 지체 없이 감지할 것이다. 우리가 살아가고 있는 시대와 이 책이 다루고 있는 문제들의 심각성을 고려하면 사실 오륙십 명도 많은 수치이다. 게다가 이 수치는 내가 몇몇 집단의 사람들에게 권위자로 인식되고 있는 이유와 무관하지 않을 것이다. 또한 이 책에 관심을 가질 오륙십 명의 정예 지식인층 중 그 절반은 스펙타클 지배 체계의 유지에 온몸을 던질 것이며,[1] 다른 절반은 이 체계를 반대하면서 끝까지 싸울 것이라는 사실을 고려해야 한다. 이처럼 서로 다르게 영향력을 미치는 주의력이 매우 깊은 독자들을 생각하면, 나는 정말이지 속내를 드

---

[1]. 이 구절은 조금 멀리 거슬러 올라가면 1970년대 초 상황주의자들이 지속적으로 주장했던 "삶을 변화시키자(Changer la vie)"를 선거 구호로 삼았던 프랑스 사회당과 무관하지 않다. 드보르와 잔프랑코 산귀네티(Gianfranco Sanguinetti)의 공동 저작 『인터내셔널의 완전한 분열 — 상황주의자 인터내셔널의 공개 공문(La Véritable Scission dans l'Internationale - circulaire publique de l'Internationale Situationniste)』(Champ libre, 1972)의 「상황주의자 인터내셔널과 그 시기에 대한 테제들」의 테제 37 참조.

러내고 모든 것을 말할 수 없다. 나는 무엇보다도 누구에게 나 정보를 주는 것에 주의해야 한다.

요컨대 시대의 불행이 나로 하여금 다시 새로운 방식으로 이 책을 쓰게 강요한다. 이 책에서 어떤 요소들은 의도적으로 생략될 것이다. 그것이 책의 도면을 꽤 모호하게 만들 것이다. 독자들은 이 시대의 서명(signature)과 같은 몇몇 속임수를 만날 것이다. 그래서 책 속의 여러 페이지의 구절들을 이곳저곳에 끼워 넣어 종합한 후에야 비로소 총체적 의미가 드러날 것이다. 이는 여러 국제조약들이 공개적으로 명문화하고 있는 것에 더해서 빈번하게 비밀 조항들이 첨가되고,[2] 화학 성분들이 다른 성분들과의 결합을 통해서만 그 감춰진 특성이 드러나는 것과 같은 이치이다. 그러나 이 짧은 저작의 많은 부분은 애통하게도 용이하게 이해될 것이다.

---

2. 1949년 4월에 조인된 북대서양조약기구(NATO)의 최초의 협정서에는 각 회원국으로 하여금 이 기구에 가입하기 전에 "민간비상계획(Civil Emergency Planning)"을 지휘하는 국가보안기관의 설치를 의무화하는 비밀 조항이 있었다. 이 계획은 외부적으로는 사회주의 국가의 침략에, 내부적으로는 정치적 격변에 효과적으로 개입하는 것을 그 목표를 삼았다. 때로는 "스테이 비하인드 작전(Operation Stay Behind)"으로 명명됐던 이 "민간비상계획"은 비밀 군사기지, 무기 은닉처, 요원 모집소, 반공산주의 성향의 준(準)군사 간부들 — 이들의 대부분은 네오나치들, 마피아 단원들, 우익 성향의 특수 첩보원들이었다 — 등이 포함돼 있었다. 이 조직의 프랑스 명칭은 "바람의 장미(Rose des Vents)"였으며, 이탈리아의 그것도 동일한 이름(La Rosa Dei Venti)을 사용하였다. 1974년 이탈리아 조직의 명칭은 "Gladio(양날의 검)"로 변경되고 프리메이슨의 집회소로 위장된 "P2"를 위해 활동한다(주 15, 32 참조).

2

나는 1967년 『스펙타클의 사회』에서 현대적 스펙타클의 본질이 무엇인지 이미 진술했다. 스펙타클의 본질은 책임을 물을 수 없는 주권의 지위를 획득한 상품경제의 전제적인 지배와 이 지배를 동반하는 정권에 귀속된 새로운 기술들의 총체를 의미한다. 1968년의 소요는 이후 수년 동안 여러 나라에서 그 파장이 지속됐으나 어느 곳에서도 기존의 사회조직을 무너뜨리지 못했다. 결과적으로 스펙타클은 사회로부터 마치 자발적으로 탄생하는 것처럼 도처에서 강화되고 있다. 그것[스펙타클][3]은 극단에 이를 정도로 외연이 확대되고 있으며, [사회의] 중심부에 자신의 비중을 증가시키고 있다. 스펙타클은 비판에 직면한 권력이 항상 그러하듯이 새로운 방어 체제를 구축하고 있다. 내가 스펙타클적인 사회를 비판했을 때, 사람들은 그 시기의 분위기에 따라 나의 비판이 폭로한다고 간주됐던 혁명적 내용에 유별나게 관심을 보였다. 그

---
3. [ ] 속의 작은 크기의 낱말들은 옮긴이가 가독성을 위해 덧붙인 것이다.

것이 아마도 그들에게 가장 불편한 요소였을 것이다. 사람들은 내가 스펙타클이라는 개념을 하나에서 열까지 꾸며냈으며 스펙타클의 심층과 단일성 그리고 그것의 실제 작동 방식에 관해 과도하게 평가를 하면서 자기도취에 빠져 있다고 비난하곤 했다. 이후로 동일한 주제를 둘러싸고 새로운 저작들이 출간됐다. 나는 이 저자들이 그것[스펙타클]에 관해 최소로 논하는 것이 가능하다는 것을 완벽하게 입증하고 있음을 인정해야 한다. 이 저작들은 총체성과 그 운동을 단지 현상의 표층에 대한 상세한 설명으로 대체하고 있을 뿐이었다. 각 저자의 독창성이란 이 현상을 다른 방식으로 접근하여 사람들을 덜 불편하게 하는 것에 있었다. 어떤 저자도 과감한 역사적 판단을 도입하려 하지 않았다. 개인적인 해석의 과학적 신중함에 오점을 남기려 하지 않는 듯이….

그럼에도 불구하고 스펙타클의 사회는 계속 전진하고 있으며, 점점 속도를 높이고 있다. 1967년에는 그것이 탄생한 지 겨우 40년 정도밖에 안 됐지만, 그것은 이미 십분 활용되고 있었다. 스펙타클 고유의 진행은 누구도 더 이상 분석할 필요성을 느끼지 못했지만, 그 후 엄청난 위업을 달성하면서 내가 이전에 언급한 그 실제적 본질을 드러내고 있다. 이 확증된 사실은 학술적 가치 이상의 것을 담지하고 있다. 스펙타클이라는 능동적인 힘의 단일성과 유기적 결합을 인식하는 것은 의심의 여지가 없이 필수적이다. 바로 그것에 입각하여 이 힘이 그 자체로서 어떤 방향으로 선회하고 있는지 탐구할 수 있으므로, 그것을 탐구하는 것은 매우 중대하다. 바로 이 힘의 방향에 따라 필연적으로 사회 내의 갈등의 다음 단계가 결정되기 때문이다. 오늘날의 스펙타클은 과거보다 확실히 더 강력해졌다. 스펙타클은 이 추가된 힘으로 무엇을 행하고 있는가? 그것은 이전에는 이를 수 없었던, 어떤 지점까지 도달했는가? 요컨대 현재의 **작전선**[4]은 어디에 위치하고 있는가? 종전과 판이한 삶을 사람들에게 살도록 강요하는 일종의 습격이 있었다는 막연한 감정이 이제 도처에 팽배해 있다. 그렇지만 사람들은 오히려 그것[막연한 감정]을 마치 기후나 자연 균형의 불가해한 변화처럼 느낀다. 이 변화 앞에서 무지는 단지 자신이 아무 말도 할 수 없음을 알 뿐이다. 게다가 많은 사람들은 이 변화가 문명을 전파하는, 요컨대 불가피한 침략이며, 심지어 그것과 협력할 욕망을 갖고 있기도 하다. 이들은 이러한 정복의 목적이 무엇인지, 그것이 어떤 방식으로 진군하는지 알지 못하고 있다.

나는 지난 20년 동안 발생한 스펙타클의 이러한 신속한 전개에서 비롯된, 아직까지는 전혀 알려지지 않은 몇몇 **실질적 결과**를 환기시키고자 한다. 나는 이 문제에 관해 어느 누구와도 논쟁을 벌일 생각이 없다. 논쟁은 이제 너무 손쉽고 불

---

4. 이 책에서 중고딕체로 표시된 것은 원서에서 이탤릭체로 강조된 것이다.

필요하기까지 하다. 나는 누구를 납득시킬 생각이 전혀 없다. 이 논평은 훈계와 거리가 멀다. 이 논평은 바람직한 것이 무엇이며 어떤 방향이 더 나은가에 대해 언급하지 않을 것이다. 이 논평은 있는 사실 자체만을 기록할 것이다.

3

이제 어느 누구도 스펙타클의 존재와 그 위력을 합리적으로 의심할 수 없게 됐다. 반대로 우리는 경험이 아주 준엄한 방식으로 결말을 낸 문제에 대해 뭔가를 첨언하는 것이 합리적인지에 대해서는 의심할 수 있다. 1987년 9월 19일자 『르몽드』지는 "존재하는 것, 우리는 그것에 대해 더 이상 왈가왈부할 필요가 없다"라는 절묘한 표현을 제시한다. 이는 스펙타클적인 시대의 진정한 기본 법칙을 잘 예시하고 있다. 적어도 이 점에 있어 뒤떨어진 국가를 찾아볼 수 없다.

"현 사회가 스펙타클의 사회라는 것은 이미 합의가 이루어진 일이다. 이제는 자신을 감추고 있는 사람들을 주목해야 한다. 셀 수 없을 정도로 많은 서적들이 산업 국가들을 특징짓는 하나의 현상 — 산업화에 뒤처져 있는 국가들도 이 현상으로부터 자유롭지 못하다 — 을 서술하고 있다. 그런데 우스꽝스러운 사실은 일반적으로 이 현상을 개탄할 목적으로 그것을 분석하고 있는 이 서적들 또한 알려지기 위해서는 스펙타클에 희생되어야 한다는 것이다."

스펙타클에 대한 이러한 스펙타클적인 비판은 뒤늦은 것이다. 더 가관인 것은 이 비판이 동일한 현장에서 "알려지기"를 원하고 있다는 점이다. 이러한 비판은 필연적으로 내용 없이 개론적 수준에 머물러 있거나 또는 위선적인 유감으로 만족할 뿐이다. 이는 신문에서 장난삼아 말하는 각성의 지혜처럼 헛되어 보인다.

이렇듯 스펙타클에 관한 공허한 토론, 즉 세계의 소유자들이 수행하고 있는 것에 대한 무의미한 토론이 **스펙타클 자체**에 의해 조직되고 있다. 이 토론에서는 스펙타클의 중대한 수단들만이 강조되고, 그것의 대규모 이용에 대해선 일절 침묵으로 일관된다. 사람들은 자주 스펙타클이란 낱말을 대신해 대중매체[5]라는 용어를 선호한다. 사람들은 그러한 호명을 통해 단순한 하나의 도구, 일종의 공공 서비스를 지칭하고자 한다. 공명정대한 "직업의식"을 지닌 이 공공 서비스가 **대중매체**에 의해 대중의 소통에 새로운 풍요를 가져온다는 것이다. 그리하여 소통은 마침내 일방적인 순수성에 이른다. 이

---

5. 우리가 여기에서 '대중매체'라고 번역한 낱말은 '대중매체적인 것'을 뜻하는 명사화된 형용사 'le médiatique'이다. 이 낱말은 '대중매체에 의한 과장' 내지는 '대중매체에 의한 조작' 따위의 부정적 의미를 함의하고 있다. 따라서 이 낱말이, 이 책에서 언급되고 있는 '대중매체'('média', 'mass media')와 의미상 차이가 있다는 것에 주의해야 한다.

순수성 속에서 이미 내려진 결정이 평화롭게 칭송된다. (그러나) 소통된 것, 그것은 **명령**이다. 아주 절묘하게도 명령을 내린 사람들은 또한 그것[명령]에 대해 그들 자신의 생각을 말하는 사람들이다.

 스펙타클의 권력은 근본적으로 단일적이며, 필연적으로 중앙 집중적이며, 그 정신은 전제적이다. 이 권력은 자신의 지배 아래 정치-스펙타클, 사법-스펙타클, 의학-스펙타클 그리고 "대중매체의 과장"에 의한 이와 유사한 놀라운 사례들이 조직되는 것에 자주 분개한다. [스펙타클의 권력에 의하면] 스펙타클은 대중매체의 과장 이외에는 아무것도 아니다. 대중매체의 본질은 의심할 여지 없이 소통하는 데 도움이 되므로 유용하지만, 스펙타클이 때로는 극단으로 치닫는다는 것이다. 사회의 주인들은 그들 자신이 고용하고 있는 대중매체가 자신들을 홀대한다고 아주 빈번하게 고백한다. 이들은 또한 대중들이 자제심을 잃고 거의 동물적으로 대중매체에 흠뻑 빠져 지낸다고 아주 자주 질타한다. 지배자들은 대중매체들이 사실상 무한하게 있을 수 있으며 이것들 간에 차이가 있다고 주장하면서, 그것이 정반대로 아주 놀라운 끈기로써 추구되는 스펙타클적 공조의 결과임을 은폐한다. 상품의 논리가 모든 상인들의 서로 다른 경쟁적인 야심에 우선하고 또는 전쟁의 논리가 항상 병기의 빈번한 증감에 영향력을 가지고 있는 것처럼, 스펙타클의 준엄한 논리가 도처에서 수없이

다양한 대중매체의 괴상한 언동을 명령하고 있다.

지난 20년 동안에 발생됐던 것 중에서[6] 가장 중요한 변화는 스펙타클의 계속성에 있다. 이 중요한 변화는 스펙타클을 위한 대중매체적 장치의 개선과 무관하다. 그것은 이전부터 이미 상당히 앞선 발전 단계에 있었다. 가장 중요한 변화란 스펙타클적 지배가 한 세대 전체를 자신의 규칙에 예속시켜 교육하는 데 성공했다는 점이다. 이 세대는 모두가 새로 생겨난 예외적인 조건들 하에서 실제로 각자의 삶을 영위해 왔으며, 이 조건들은 스펙타클이 앞으로 금지하고, 또한 허용할 모든 것에 대한 엄격하고 종합적인 개요의 역할을 하고 있다.

---

6. 1967년 『스펙타클의 사회』의 출간 이후를 의미한다.

4

나는 이전에 이미 스펙타클의 이론을 공식화했었다. 거기에 오직 이론적 측면에서 아주 중요한 하나의 세부 사항을 첨가해야 할 필요성이 대두됐다. 나는 1967년 당시 두 형태의 순차적이며 경쟁적인 스펙타클적 권력, 즉 집약된 스펙타클의 권력과 분산된 스펙타클의 권력을 구분했었다. 이 양자는 공히 사회의 목표로서 그리고 사회의 기만으로서 실제 사회에 대해서 초연한 태도를 취했다. 집약된 스펙타클은 독재적 인물을 중심으로 단적으로 나타나는 이념을 전면에 내세우면서 나치 정권과 스탈린 정권과 같은 전체주의적 반혁명을 동반했다. 분산된 스펙타클은 임금노동자들로 하여금 서로 경쟁하는 여러 종류의 새로운 상품들 사이에서 자유로운 선택을 하도록 유도한다. 그것은 세계의 미국화를 상징했다. 이러한 미국화는 어떤 면에서 전통적 형태의 부르주아 민주주의를 유지하고 있었던 국가들을 두렵게 만들었지만, 동시에 그들을 매혹시켰다. 그 후로 제3의 형태가 두 스펙타클 이론의 결합을 통해 조직됐다. 이 형태는 더 강한 것으로 입증된 형태, 즉 분산된 스펙타클의 승리에 전반적인 기초를 둔 형태이다. 이것이 바로 현재 전 세계적으로 강제되고 있는 **통합된 스펙타클**[7]이다.

집약된 스펙타클의 형성은 러시아와 독일이, 그리고 분산된 형태의 형성은 미국이 중요한 역할을 수행했었다. 프랑스와 이탈리아는 일련의 공통된 역사적 요소의 작용에 의해 통합된 스펙타클의 확립에 있어 중대한 역할을 한 것으로 보인다. 두 나라는 정계와 지식인들에 대한 스탈린주의 성향의 정당과 노조의 중요한 역할, 미미한 민주주의적 전통, 유일여당에 의한 권력의 장기적인 독점화, 이러한 권력 독점화를 종결하고자 하는 욕구, 그리고 그것을 위해 기습적으로 나타난 혁명적인 분쟁 등과 같은 역사적 요소들을 공유하고 있다.

---

7. "통합된 스펙타클"의 프랑스어는 "spectaculaire intégré"이다. 여기에서 드보르가 "spectacle"을 대신해 "spectaculaire"라는 용어를 사용하고 있음을 주목해야 한다. 이 테제(4)와 다음 테제(5)에서 진술하고 있듯, 이 '이미지화된 자본'이나 분리(소외) 개념 등이 강조된 "spectacle"에 비해 "spectaculaire"는 기존의 "spectacle"의 특성에 여러 요소들이 가미된, 이를테면 더 정밀해진 현대사회의 통치 형태를 개관적으로 가리키는 용어로 수용될 수 있다. 따라서 "spectaculaire intégré"라는 용어는 응당 "통합된 스펙타클적인 것"으로 번역해야 하나, 우리말에 있어 형용사의 명사화(名詞化)는 프랑스에서처럼 자연스럽지 못한 경우가 허다하다. 그래서 "spectaculaire"를 부득이 "스펙타클"로 옮겼으니 이 점에 대해 유념하길 바란다.

통합된 스펙타클은 동시에 집약되고 분산된 형태로 나타난다. 그것은 두 스펙타클을 성공적으로 결합한 이래로 두 형태의 장점을 십분 활용하고 있다. 두 스펙타클이 과거에 적용했던 양식은 크게 수정된다. 집약된 형태와 관계된 것을 관찰해 보면, 그것의 통제 기관이 이제는 장막에 가려 있다. 이제는 결코 알려진 지도자나 명확한 이념이 전면에 내세워지지 않는다. 그리고 분산된 형태를 관찰해 보면, 사회적으로 생산된 거의 모든 행동과 대상에 스펙타클적 영향력이 이 정도까지 표출된 적은 없었다. 통합된 스펙타클의 최종 의미란 바로 스펙타클이 현실을 말함에 따라 현실 속에 그것[스펙타클]이 통합되는 것이고 그리고 스펙타클이 현실을 말한 대로 그것[현실]이 재구축되는 것이기 때문이다. 결과적으로, 이 현실은 통합된 스펙타클 앞에서 자신을 더 이상 낯선 것으로 간주하지 않는다. 집약된 스펙타클 시대에는 주변부 사회가 그것으로부터 탈주할 수 있었고, 분산된 스펙타클 시대에는 사회의 몇몇 영역이 그것으로부터 벗어나 있었다. 오늘날에는 그 어떤 것도 스펙타클로부터 벗어날 수 없다. 스펙타클은 현실을 조사(照射)하면서 모든 현실과 뒤섞인다. 우리가 이론적으로 어렵지 않게 예측할 수 있었듯이, 상품 이성 의지의 무제한적 실현이라는 실제 경험은 왜곡의 세계-되기가 세계의 왜곡-되기임을 예외 없이 그리고 신속하게 보여 주고 있다. 아직은 많이 남아 있지만 점점 축소될 옛 서적들과 건축물들 — 이 건축물들도 더 자주 선별되어 스펙타클의 요구에 부응하여 활용된다 — 의 유산을 제외하고, 현대 산업의 수단과 이해타산에 따라 변형되거나 오염되지 않고 남아 있는 것은 문화나 자연 속에서는 찾아볼 수 없다. 유전학조차도 전적으로 사회의 지배 세력의 몫이 되었다.

이제 스펙타클의 정권은 생산뿐만 아니라 지각의 총체를 왜곡시킬 수단들을 소유하고 있다. 이 정권은 기억의 무소불위한 지배자이며, 동시에 아주 먼 미래를 만드는 기획을 결정짓는 통제 불능한 지배자이다. 이 정권은 혼자서 모든 것을 통치하면서 **자신의 약식 판결을 집행한다**.

이러한 조건 속에서 패러디 같은 분업의 종말이 무도회의 환희처럼 갑자기 휘몰아치고 있다. 이 종말은 모든 진정한 능력의 소멸이라는 보편적인 움직임과 동시에 발생하고 있다는 점에서 더욱더 환영받는다. 금융 전문가가 가수가 되고, 변호사는 경찰의 정보원 노릇을 하고, 제빵업자가 문학을 논한다. 배우가 정치를 하며, 요리사는 마치 세계사의 준거를 설정하듯 빵을 알맞게 굽는 시간에 대해 논의한다. 누구나 돌연히 나타나 자신의 이름을 알렸던 전문 분야와는 판이하게 다른 활동에 공공연하게, 또는 가끔은 비밀스럽게 전념할 의도로 스펙타클에 합류할 수 있다. "대중매체적인 지위"의 소유가 사람들의 실제 가치를 훨씬 뛰어넘게 하는 중요성을 획득하게 된다. 이러한 맥락에서 대중매체적인 지위는 아주 용이하게 전이(轉移) 가능하며, 그리고 이 지위가 어떤 분야에서나 동일한 방식으로 빛을 발하는 권리를 부여하는 것은 자연스런 일이다. 대중매체에 의해 가열된 미립자들은 대부분의 경우 지위에 의해 보장된 경탄 속에서 그들 자신의 단순한 직업 활동을 계속한다. 그런데 대중매체적인 이행이 기업들을 위한 위장의 역할을 하기도 한다. 이 기업들은 공식적으로 독립적인 기업들이지만, 실상은 비밀리에 다양한 특별 조직망으로 연결돼 있다. 그 결과로 때로는 사회적 분업과 이 분업의 용도에 대해 일반적으로 예측 가능한 상관성이 완전히 다른 형태로 나타난다. 예를 들면, 사람들은 이제 암살을 준비하기 위해 소설을 출간할 수 있다. 이 특이한 예는 직업으로 한 사람을 더 이상 신뢰할 수 없음을 의미한다.

그러나 통합된 스펙타클의 가장 원대한 야심은 여전히 비밀 정보원이 혁명가가 되고 혁명가가 비밀 정보원이 되게 하는 것이다.[8]

---

8. "붉은 여단"과 이탈리아 정보국 간의 관계는 이탈리아어 판본 『스펙타클의 사회』의 「서문」(1979)을 참조할 것.

5

통합된 스펙타클의 단계까지 현대화된 사회는 다섯 가지의 특성 — 끊임없는 기술혁신, 국가와 경제의 융합, 일반화된 비밀[유지], 반박 없는 거짓,[9] 영원한 현재 — 이 결합된 결과에 의해 특징지어진다.

기술혁신의 운동은 긴 역사를 가지고 있다. 기술혁신은 이른바 산업 자본주의 또는 후기 산업 자본주의 사회의 구성요소이다. 그러나 기술혁신은 (2차 세계대전 이후) 최근에 가속화되면서 그만큼 더 자신의 스펙타클적 권위를 강화시키고 있다. 사람들은 기술혁신에 의해 전문가 집단, 이들의 예측과 이들의 언제나 만족스런 판단에 전적으로 의존할 수밖

---

[9]. 이 책의 테제 3에서 진술하고 있듯이 "반박 없는 거짓(le faux sans réplique)"은 대중매체의 소유자와 그것의 주체(주동자)가 일치함을 의미한다. "소통은 마침내 일방적인 순수성에 이른다. 이 순수성 속에서 이미 내려진 결정이 평화롭게 칭송된다. (그러나) 소통된 것, 그것은 **명령**이다. 아주 절묘하게도 명령을 내린 사람들은 또한 그것[명령]에 대해 그들 자신의 생각을 말하는 사람들이다."

에 없게 됐다. 국가와 경제의 융합은 이 세기의 가장 명백한 경향이다. 이 융합은 적어도 최근 경제 발전의 동력이 되고 있다. 경제와 국가라는 두 권력이 맺은 방어적이고 공격적인 연맹이 이 두 권력에게 모든 분야에서 아주 막대한 공동 이득을 보장하고 있다. 이 두 권력 각각은 서로에게 귀속된다고 말할 수 있다. 이 두 권력을 대립시켜 이 권력들의 합리성과 비합리성을 구분한다는 것은 헛된 일이다. 이 결합이 스펙타클적 지배의 발전에 아주 긍정적임이 입증되어 왔다. 스펙타클적 지배는 그 형성기부터 결코 다른 것이 될 수 없었다. 나머지 세 가지 특성은 통합된 단계에 이른 이러한 지배의 직접적인 결과이다.

일반화된 비밀은 스펙타클이 보여 주고 있는 것의 결정적인 보완물로서 그리고 우리가 사태의 핵심을 파고든다면 스펙타클의 가장 중요한 활동으로서 그것[스펙타클]의 이면에 자리를 잡고 있다.

거짓은 반박의 여지를 주지 않는다는 사실만으로 완전히 새로운 지위를 부여받는다. 동시에 진리는 거의 모든 곳에서 자취를 감추며, 설령 그것이 존재한다고 하더라도 결코 증명될 수 없는 순수한 가설의 상태로 환원된다. 반박 없는 거짓은 여론의 소멸을 이끄는 데 성공하고 있다. 이전에는 여론의 전파에 어려움이 있었는데, 지금은 여론의 형성 자체가 가능치 않다. 그것은 당연히 정치, 응용 학문들, 사법기관, 예술의 인식 등에 지대한 결과를 초래한다.

[끊임없이 갱신되는] 현재의 구축 — 옷차림에서 음악에 이르는 유행마저도 현재 속에 정지된다 — 은 과거를 망각하고자 하며, 더 이상 미래를 믿지 않는다는 인상을 주고 있다. 이러한 현재의 구축은 되풀이하여 계속적으로 주어지는 정보에 의해 획득된다. 간략하게 나열되는 사건들이 중요한 소식인 양 열정적으로 매순간 반복된다. 다른 한편으로 정말로 중요한 소식, 실제로 변화하고 있는 것에 대한 소식은 아주 드물게 간헐적으로 전달된다. 이 소식들은 예외 없이 이 세계가 자신의 존재에 대해 스스로 내린 듯한 유죄판결, 즉 이 세계의 예정된 자기 파괴의 단계와 밀접한 관계가 있다.

6

스펙타클적 지배의 첫 번째 목표는 역사적 인식 일반, 먼저 가장 가까운 과거에 대한 대부분의 정보들과 합당한 논평들을 소멸시키는 것이다. 이것의 확실성은 너무나 자명해서 굳이 또 다른 설명을 요하지 않는다. 스펙타클은 일어나고 있는 사건에 대한 무지와 그럼에도 불구하고 대중들에게 알려진 것에 대한 망각을 아주 치밀하게 계획한다. 가장 중요한 것은 가장 잘 은폐된 것이다. 지난 20년을 통틀어서 68년 5월 운동의 역사만큼이나 명령된 거짓으로 뒤덮인 사안은 없을 것이다. 이 운동의 원인과 과정을 드러내는 몇몇 연구들과 거기에서 얻을 수 있는 유용한 교훈들이 존재하지만, 그것은 국가의 기밀에 속한다.

지금은 망각됐지만 10여 년 전에는 스펙타클의 표면에서 부유했던 프랑스의 어떤 대통령[10]은 "사람들이 이제는 물의

---

10. 1974년부터 1981년까지 프랑스 대통령을 역임했던 발레리 지스카르 데스탱(Valéry Giscard d'Estaing)을 지칭하는 듯하다.

표면에서처럼 하나의 이미지가 계속해서 또 다른 이미지를 내모는, 기억이 없는 세계에서 살게 될 것"이라는 사실 앞에서 자신이 느꼈던 기쁨을 순박하게 표현했다. 국사에 참여하고 그리고 권력에 머물러 있는 방식을 아는 사람들에게 이러한 생각은 안락함을 가져다줄 것이다. 역사의 종말은 현 권력에게 기분 좋은 휴식과 같은 것이다. 그것은 권력이 시도하는 모든 것의 성공, 혹은 적어도 성공의 소문을 절대적으로 이 권력에 보장한다.

절대 권력은 이익이나 더 긴급한 의무가 있을수록, 그리고 특히 실행을 위한 실제적 역량이 있다고 판단될 경우, 그만큼 더 철저하게 역사를 제거한다. 진시황제는 분서갱유를 허락했으나 모든 책을 사라지게 하지는 못했다. 스탈린은 금세기에 그러한 계획을 가장 철저하게 실행에 옮기려고 시도했으나, 그가 자신의 제국 밖에서 찾을 수 있었던 모든 종류의 공모에도 불구하고, 많은 지역이 그의 통치에서 벗어나 있었다. 그곳에서 그의 기만 행각은 조롱거리가 되었다. 통합된 스펙타클은 이것을 상회한다. 그것은 예전과 아주 달라진 방식을 동원하여 이번에는 전 세계적으로 작동한다. 하찮은 행위가 도처에서 존중을 받는다. 그것에 대한 조롱은 더 이상 용납되지 않는다. 어쨌든 사람들이 그것을 조롱하고 있다는 사실을 알리는 것이 가능치 않게 됐다.

역사의 영역은 기억해야 할 것, 그[사건들] 영향들이 오랫동안 현시될 사건들의 총체였다. 역사는 계속해서 지속하고 그리고 새로 일어날 것을 이해하는 데 적어도 부분적으로 도움이 되는 인식과 불가분의 관계를 갖는다. 투키디데스는 이 인식을 "항구적인 습득"이라고 말한다. 그런 이유로 역사는 진정으로 새로운 것의 **척도**였다. 새로운 것을 판매하고자 하는 사람은 그것[새로운 것]을 측정할 수단을 소멸시키는 것에 커다란 관심을 갖는다. 중요한 것은 즉각적인 것이라고 사회적으로 인식된다면, 바로 다음 순간 — 다르면서 동일한 — 이 언제나 중요한 것이 될 것이다. 그리고 이 순간은 또 다른 중요한 순간에 의해 대체될 것이다. 우리는 또한 이용된 수단[스펙타클]이 큰 소리로 말하고 있는 하찮은 것에 일종의 영속성을 보장하고 있다고 말할 수 있다.

스펙타클은 역사를 **불법**화하고, 모든 최근의 역사를 지하로 잠적하도록 강요하며, 그리고 사회에서 전반적으로 역사적 정신을 지워 버리는 데 성공했다. 그것을 통해 스펙타클이 획득한 소중한 이점은 무엇보다도 자신의 역사 — 최근의 세계 정복 운동 — 를 은폐하는 것이다. 스펙타클의 권력은 마치 항상 거기에 있었던 것처럼 벌써 친숙한 모습을 하고 나타난다. 강탈자들은 언제나 **그들 자신이 방금 도착했다**는 사실을 잊게 만들려고 했었다.

7

역사의 파괴와 함께 동시대의 사건이 검증할 수 없는 이야기, 확인할 수 없는 통계, 믿을 수 없는 설명, 성립할 수 없는 추론 등에 묻혀 아주 먼 곳으로 멀어진다. 오로지 대중매체적인 인물들만이 스펙타클적으로 제시된 터무니없는 것들에 대해 점잖은 정정이나 훈계로 반박할 수 있을 뿐이다. 그렇지만 지나친 지적은 삼가야 한다. 극심한 무지를 넘어서 스펙타클의 권력 일반과 그것[스펙타클]이 표명하는 사회에 대해 **직업적·개인적 유대감**을 표하는 것은 이 인물들의 의무이자 기쁨이기 때문이다. [이 인물들은] 그[권력] 위엄에 손상이 가는 일이 절대로 있어서는 안 되는 권력과 결단코 함께 있어야 한다. 급여, 보상금과 사례금 등을 받는 대중매체적인 인물들이 하나 또는 경우에 따라서 여러 주인들의 휘하에 있다는 것을 잊어서는 안 된다. 이 인물들은 언제라도 그들 자신이 대체될 수 있음을 인식하고 있다.

전문가는 대중매체적인 인물이며, 그는 국가 통제 하에 있다. 그는 오직 그러한 방식으로서만 전문가로 인정을 받을 수 있다. 전문가는 자신의 주인을 섬긴다. 과거에 존재했던 독립의 가능성은 현 사회의 조직 조건들에 의해 거의 불가능한 것이 되었다. 물론 가장 유용한 전문가는 거짓을 말하는 전문가이다. 전문가를 필요로 하는 사람들은 여러 동기를 가진 조작자와 무지한 사람이다. 전문가는 사태를 파악할 수 있는 능력을 상실한 개인에게 형식적인 안도감을 제공한다. 전에는 에트루리아(Etruria)의 예술을 위한 전문가들이 있는 것이 당연했다. 그들은 그 분야에 정통한 사람들이었다. 에트루리아의 예술은 시장에서 찾아볼 수 없기 때문이다. 그러나, 예를 들면 어떤 시기가 화학적인 방법을 이용해 많은 분량의 유명 포도주들을 위조 생산하는 것이 수익성이 있다고 판단되면, 보다 쉽게 식별되는 포도주 전문가들의 새로운 향에 감탄하는 소믈리에들을 **포도주 저장실**[11]로 끌고 올 수 있는 그들[포도주 전문가들]의 양성 후에 이 포도주들의 판매가 허용된다. 세르반테스는 "낡은 외투 속에 대체로 좋은 술꾼이 있다"[12]고 언급했다. 포도주 감별사는 대체로 핵 산업의 규정에 대해 알지 못한다. 그러나 스펙타클적 지배는 어떤 전문가가 핵 산업에 관해 포도주 감별사들을 속일 수 있

---

11. 여기에서 포도주 저장실(cave)은 포도주를 저장하는 장소는 물론이고, 동시에 그것에 속는 어리석은 사람(소믈리에)들을 의미한다.
12. 『돈키호테』(2편 3부 1장)에서 인용. "Debajo de mala capa, suele haber buen bebedor."

는 것처럼, 또 다른 전문가는 포도주에 대해서도 그들을 속일 수 있다고 믿는다. 예를 들면, 대중매체의 기상 전문가는 기온과 40시간 내에 발생할 수 있는 예측된 강우량을 예보한다. 주지하듯이 그는 경제·관광·지역의 안정을 유지해야 하는 의무로 인해 많은 것을 생략할 수밖에 없다. 그러는 사이에 많은 사람들은 많은 도로를 왕래하게 되고, 아주 자주 황량한 장소로 이동하게 된다. 그 결과, 그는 오히려 예능인으로 성공을 거둔다.

모든 객관적인 역사 지식의 소멸의 한 양상이 개인적 명성에 관해서 표면화된다. 개인적 명성은 정보를 통제하는 사람들의 의지에 따라 가변적인 것이 되어 정정 가능해진다. 정보를 모으는 사람들이 또한, 완전히 다른 성격을 지니고 있는, 정보를 전파하는 사람들이기도 하다. 따라서 이들은 모든 것을 왜곡할 수 있는 권한을 가지고 있다. 사람들이 알려고 하지 않는 역사적 사실은 스펙타클 속에서 더 이상 명백한 것이 되지 못한다. 한 개인의 명성이 오직 스펙타클적 **법정**의 온정에 의한 호의로서 주어진 것이라면, 명성의 실추 또한 순식간에 이루어질 수 있다. 반(反)스펙타클적 명성은 매우 희귀한 것으로 되고 있다. 나 자신은 다른 사람들이 좀처럼 갖지 못했던 그러한 명성을 지닌 현존하는 인물들 중 하나이다. 그러나 이러한 명성 때문에 나는 아주 수상쩍은 자로 의심을 받고 있다. 사회는 자신을 스펙타클적인 것으로 공식적으로 천명하고 있다. 스펙타클적 관계 밖에서 알려진 다는 것, 그것은 이미 사회의 적으로 알려진 것이나 마찬가지다.

  모스크바 재판과 같은 방식으로, 더 나아가 재판의 복잡한 절차를 거칠 필요도 없이 한 개인의 과거를 완벽하게 변형하여 다른 인물로 재탄생시키는 것이 용인되고 있다. 최소한의 가격을 지불하고 사람을 죽이게 할 수 있다.[13] 위장 증인들과 잘 완비된 위조 서류들이 통합된 스펙타클을 통제하는 사람들이나 그들의 동조자들에게 부족할 리가 없다. 설사 위장 증인들이 미숙하게 행동한다고 하더라도 이들 증언의 증인이 될 관객들에게 그러한 결함을 간파할 능력이 남아 있겠는가? 따라서 본인이 직접 경험하지 않는 이상 누구도 더 이상 믿을 수 없게 되었다. 그런데 이제는 누구를 허위로 고발하는 것조차도 거의 필요치 않게 됐다. 지배자들이 전적으로, 보편적으로 인정되는 단 하나의 사회적 검증을 명령하는 조직을 점유하고 있는 한, 이들은 그들 자신이 원하는 것이면 무엇이나 명령할 수 있다. 스펙타클적 입증 운동은 쳇바퀴 돌듯 작동하면서 입증된다. 무엇이든지 공개적으로 확언되고, 또한 그것을 믿게 하는 유일한 현장[스펙타클]에서 이 운

---

13. 사람들을 살해하고 이들의 과거를 고쳐 쓰는 사례들에 대해서는 드보르의 『제라르 르보비시의 살해에 대한 고찰(Considérations sur l'assassinat de Gérard Lebovici)』(Edition Gérard Lebovici, Paris, 1985)을 참조할 것.

동은 처음으로 돌아가 반복하고 그리고 계속해서 확언한다. 오직 이것에 대해서만 사람들이 증인이 되기 때문이다. 스펙타클적 권력은 또한 자신이 원하기만 한다면 어떤 것이 됐든 몇 번이라도 그것을 부정할 수 있다. 그리고 그것에 대한 언급을 중단하겠다고 선언하고 다른 사안에 대해 말하기 시작한다. 이 권력은 자신의 고유 활동이나 또는 그 밖의 활동에 대해 반박당할 위험이 전혀 없음을 아주 잘 인식하고 있다. 이제는 더 이상 아고라도, 보편적인 공동체도 존재하지 않기 때문이다. 심지어 제한된 공동체들, 이를테면 중재 단체들이나 자치기관들, 살롱들이나 카페들, 그렇지 않으면 일개 기업의 노동자들 등에 의한 공동체들도 존재하지 않는다. 사람들은 그들 자신과 관계된 진리에 대한 토론을 통해 대중매체의 담론과 이 담론을 승계하고 있는 조직된 여러 세력들의 거대한 영향력으로부터 지속적으로 해방될 기회를 가질 수 있다. 그러나 이 진리를 논할 장소는 어느 곳에서도 찾아볼 수 없다. 사람들은 이제 상대적으로 독립이 보장된 학계의 지식인들의 판단도 더 이상 기대할 수 없게 됐다. 이들은 예전에는 검증 능력에 학자의 자부심을 걸었다. 그래서 사람들이 사실에 기초한 공정한 역사라고 불렀던 것을 접할 수 있었고 그리고 적어도 이러한 역사는 알려져야 할 가치가 있는 것으로 믿었다. 이제는 이론의 여지가 없는 서지학의 진리조차도 더 이상 존재할 수 없게 됐다. 국립 도서관의 색인표들의 정보화된 요약들은 그만큼 더 용이하게 서지학적 진리의 자취들을 지워 버릴 수 있다. 예전의 사법관, 의사와 역사가의 모습과 이들이 자신들의 능력의 한계를 자주 인식하면서 떠올렸던 절대직인 책임감을 상상해 본다면, 사람들은 혼란 속으로 빠지고 말 것이다. 사람들은 자기 아버지보다 자기 시대를 더 닮는다.[14]

스펙타클이 어떤 것에 대해 삼 일 동안 언급을 삼간다면, 그것은 더 이상 존재하지 않는 것과 다름없게 된다. 스펙타클이 그것을 대신해 다른 것을 말하기 시작하면, 그 순간부터 그 다른 것이 존재하기 시작한다. 그것[스펙타클]의 실질적인 영향력은 실로 거대하다.

우리는 역사가 그리스에서 민주주의와 함께 탄생했다고 믿어 왔다. 우리는 역사가 민주주의와 함께 세상으로부터 소멸하고 있음을 입증할 수 있다.

그러나 우리는 권력의 승리의 명부에 부정적인 것으로 입증된 하나의 결과를 덧붙여야 한다. 국가 경영 속에 역사의 이해라는 중대한 적자가 지속적으로 자리 잡고 있다. 이러한 국가는 더 이상 전략적으로 운영될 수 없다.

---

14. 14세기부터 전해져 온 아랍의 속담.

8

 이른바 민주주의 사회가 통합된 스펙타클의 단계에 이르면, 이 사회는 **손상되기 쉬운 완벽**을 실현한 사회로서 어디에서나 인정받는 듯하다. 따라서 이 사회는 손상되기 쉽기 때문에 더 이상 공격에 노출돼서는 안 된다. 게다가 이 사회는 어떤 사회도 이루지 못했던 완벽한 사회이므로 더 이상 공격의 대상이 될 수 없다. 이 사회가 손상되기 쉬운 것은 자신의 위험스런 기술 확장을 통제하는 데 어려움을 겪기 때문이다. 그러나 지배하기에는 완벽한 사회이다. 이에 대한 증거는 지배하기를 열망하는 모든 사람들이 바로 이 사회를 지배하고자 하며 그리고 같은 방식으로 이 사회를 현 상태로 그대로 유지하고자 하는 데서 찾을 수 있다. 오늘날 유럽의 어떠한 정당이나 정파도 처음으로 중요한 뭔가를 변화시키겠다는 주장조차도 하지 않는다. 어느 누구도 보편적인 체계로서 상품을 비판하지 않는다. 기업체의 사장이 특정 시기에 시장에 내놓는 특정한 형태의 물품 정도로도 그것을 비판하는 사람을 찾아볼 수 없다.

스펙타클이 군림하는 모든 곳에서 유일하게 조직된 세력들은 스펙타클을 원하는 세력들이다. 어느 누구도 현존하는 것에 내적할 수 없으며, 모든 것과 관계된 **침묵의 계율**을 깨뜨릴 수 없다. 하나의 불온한 생각이 2세기가 넘게 세계를 지배해 왔다. 이 불온한 생각에 따르면, 한 사회는 비판, 변혁, 혁신, 혁명의 대상이 될 수 있었다. 우리는 이제 이 불온한 생각과 결별했다. 이것은 새로운 논리들의 출현으로 획득된 것이 아니라 단지 이러한 논리들이 무용한 것이 됐기 때문이다. 이 결과로부터 우리는 보편적인 행복은커녕 오히려 폭정의 조직망에 의한 가공할 억압을 헤아릴 것이다.

검열이 지금보다 완벽하게 시행된 때는 없었다. 실제 생활에 영향을 미칠 선택에 관해 사람들이 그들 자신의 견해를 표명하는 것이 이처럼 덜 허용된 적은 없었다. 몇몇 국가에서는 아직도 이들로 하여금 여전히 자유로운 시민이라고 믿게 한다. 어떠한 영향에 구애받지 않고 이처럼 사람들을 기만하는 것이 허용된 적은 없었다. 관객들은 모든 것에 무지한 것으로, 어떤 것에도 자격이 없는 것으로 취급된다. 속편이 궁금해 언제나 쳐다보기만 하는 사람은 절대로 행동하지 않는다. 그것이 관객의 조건이다. 사람들은 미국을 예외의 경우로서 언급하곤 한다. 닉슨은 너무 파렴치한 어설픈 거짓들을 늘어놓다가 결국은 자신의 정치생명의 종말을 고하고 말았다. 하지만 이 예외는 몇 가지의 해묵은 역사적 원인이 있었던 아주 국지적인 예외일 뿐이다. 레이건도 최근에 같은 일을 행했는데, 그것에 대해 어떠한 제재도 받지 않았다. 전혀 제재되지 않는 모든 것은 전적으로 허용된다. 따라서 스캔들을 말하는 것은 시대에 뒤떨어진 것이다. 이탈리아의 최고위 정치인은 공식 내각과 P2(Potere Due)라고 불렸던 비밀 정부에서 동시에 임무를 수행했는데, 그는 이 시대, 이탈리아와 미국에 이어 곧바로 전 세계가 동참하게 되는 이 시대를 아주 완벽하게 한마디로 요약하고 있다. "과거에는 스캔들이 있었으나 지금은 더 이상 존재하지 않는다."[15]

마르크스는 『루이 나폴레옹의 브뤼메르 18일』에서 당시

---

[15]. P2의 P는 통상 "Potere," 즉 "권력(Power)"을 의미한다. 그러나 혹자는 그것이 "선전(Propaganda)"을 지칭한다고 주장하기도 한다. P2는 19세기에 '위장된' 프리메이슨의 집회소로 창설된다. 이 집회소 단원들의 신분은 총본부(Grand Lodge)는 물론이고 누구도 알 수 없었다. 1964년, 무솔리니 시절부터 파시즘 신봉자였던 리치오 젤리(Licio Gelli) 장군이 독재자 후안 페론의 보호 아래 피신하고 있었던 아르헨티나로부터 이탈리아로 귀국한다. 그는 P2의 책임자로 변신하여 자신의 광범위한 연줄을 이용해 남미와 남유럽의 극단적 네오나치들과 국제 마약 범죄단들의 조직망을 구축한다. 1974년 "바람의 장미(La Rosa Dei Venti)"의 정체가 세상에 노출된 후(주 2 참조), P2는 북대서양조약기구(NATO)의 지휘 하에 이탈리아에서의 "스테이 비하인드 작전(Operation Stay Behind)"의 임무를 수행하게 된다. 1982년 P2의 존재가 세상에 알려지게 되는데, 당시 이 단체에 소속된 단원의 수는 2,400명에 달했으며, 그중에는 드보르가 "이탈리아의 최고위 정치인"으로 언급하고 있는 전수상(前首相) 줄리오 안드레오티(Giulio Andreotti)가 포함돼 있었다. 1990년 안드레오티는 신문기자 미노 페코렐리(Mino Pecorelli)의 살해 혐의로 기소되는데, 그는 이 재판에서 "Gladio" 작전이 실제로 존재했음을 인정한다.

오십만 명의 관료들을 거느리고 있었던 프랑스 제2제정 시대의 국가의 침범에 대해 기술하고 있다. "교량, 학교 건물, 농촌의 공유지에서, 철도, 국유지, 지방 대학에 이르기까지, 모든 것이 이처럼 정부의 업무 대상이 되었다." 많이 언급되고 있는 정당의 자금 조달에 관한 문제도 그 시대에 이미 제기되었다. 마르크스는 "정당들도 차례로 주도권의 장악을 위해 투쟁하기 시작했다. 정당들은 이 거대한 조직의 포획을 승자의 주요한 노획물로 생각하고 있었다"라고 쓰고 있다. 이러한 지적은 오늘날의 국가에 비추어 보면 조금은 목가적인 면이 있으며, 그것은 사람들이 흔히 말하는 것처럼 시대에 뒤진 표현이다. 오늘날 국가는 오히려 신도시와 고속도로, 지하 교통과 전력·핵에너지 생산, 석유 탐사와 컴퓨터, 은행 관리와 사회·문화 센터, "시청각 환경"의 변화와 무기의 비밀 수출, 부동산 개발과 제약 산업, 농식품과 병원 경영, 군 예산과 사회 보위를 위한 수많은 기관들 등을 관리하면서 계속해서 영향력이 확대되는 정부 부처의 비밀 자금 등에 손을 뻗고 있다. 그렇지만 불행하게도 마르크스는 지금까지도 여전히 유효하다. 그는 같은 책에서 이 정부는 "밤에 결정을 내리고 그것을 낮에 집행하는 것이 아니라, 낮에 결정을 내리고 그것을 밤에 집행한다"라고 환기하고 있다.

9

 이 완벽한 민주주의는 자신의 상상할 수 없는 적, 예컨대 테러리즘을 만들어 낸다. 민주주의는 실제로 **자신의 결과물보다 자신의 적들에 입각하여 평가 받고자 한다**. 이 테러리즘의 역사는 국가에 의해 쓰여진다. 그렇기 때문에 그것은 교육적 목적을 가지고 있다. 지켜보는 국민들은 확실히 테러리즘의 전모를 알지 못한다. 하지만 이들은 테러리즘과 비교하면 나머지 모든 것들이 어쨌든 오히려 더 합리적이며 더 민주적이어서 수용될 수 있다고 확신할 정도로 그것에 대해 충분히 알고 있다고 확신한다.

 탄압의 현대화는 마침내 선서를 마친 **직업적인 고소인들** ― "회개한 자들(pentiti)"이라는 이름의 이탈리아의 [사법] 시범 프로그램에서[16] ― 을 조종하면서 성공을 거두게 된다. 이러

---

16. 이탈리아 사법 당국으로부터 호의적인 대우를 약속받고 공범자들에게 불리한 증언을 하면서 "회개한" 대표적인 범죄인은 알도 티세이(Aldo Tisei)이다. 그는 빅토리오 오코르시오(Vittorio Occorsio) 검사를 살해했던(주 54

한 고소인들은 17세기 프롱드의 난 때 처음으로 모습을 드러냈는데, 당시에는 그들을 "유자격 증인들"이라고 불렀다. 사법기관의 이러한 스펙타클적 진보는 내전을 조장했다는 이유로 수천 명의 이탈리아인들에게 유죄판결을 내려 감옥을 가득 채웠다.[17] 그러나 내전은 일어나지 않았다. 일종의 거대한 무장 봉기, 꿈으로 만들어진 옷감으로 짠 무장 폭동은 우연하게도 결코 일어나지 않았다.

테러리즘의 비밀에 대한 설명은 두 개의 모순된 견해 사이에 하나의 유사성을 도입하고 있는 것처럼 보인다. 이는 두 개의 철학 학파가 절대적으로 대립되는 형이상학적 정립을 주장하는 것과 다름없다. 어떤 사람들은 테러리즘을 오로지 비밀 정보기관에 의한 노골적인 조작으로 생각한다.[18] 다른 사람들은 이와 반대로 역사의 이해가 철저하게 결핍된 테러리스트들을 비난해야 한다고 생각한다. 역사의 이해가 결핍된 사람들은 여타의 사람들보다 더 용이하게 이용당할 수

참조) 팔라딘(Palladin) 조직의 구성원이었다(주 59 참조).

17. 1970년 4월 7일, 이탈리아 당국은 안토니오 네그리(Antonio Negri)가 포함된 20여 명 이상의 좌익 지식인들을 검거하여 수감한다.

18. 드보르는 『테러리즘과 국가에 대해』의 저자인 잔프랑코 산귀네티가 테러리즘을 "비밀 정보기관에 의한 노골적인 조작"으로 간주하고 있다고 생각한다(1981년 2월 23일 야프 클루스터만Jaap Kloosterman에게 보낸 드보르의 서신 참조). 또한 그는 안토니오 네그리, 오레스테 스칼초네(Oreste Scalzone)와 "무장 투쟁을 신봉하는 교조주의자들"은 "역사의 이해가 철저하게 결핍된 테러리스트들을 비난해야 한다고 생각하는" 이론가들로 간주한다(주 29 참조).

있다. 우리가 역사적 논리를 조금만 성찰한다면 이처럼 생각하는 것이 전혀 모순적이지 않다는 것을 곧바로 결론 내릴 수 있다. 어떤 사람은 자신이 남의 눈을 피해 은밀하게 어떤 행동을 했다고 믿고 있다. 사람들이 처음부터 그의 행동 내용을 속속들이 알고 있었다고 그에게 입증하면, 그를 "회개하기"로 이끄는 것은 어렵지 않다. 이는 군사적 유형의 비밀 조직에 있어 피할 수 없는 결과이다. 이 지하 조직망에 속한 몇몇 거점에 소수의 사람들을 침투시켜 활동하게 한다면 이 조직은 쉽게 와해된다. 비판 작업은 무장 투쟁을 평가하는 문제에 있어 가끔씩 이러한 작전들 중 하나를 개별적으로 분석해야 할 필요가 있다.[19] 그렇게 함으로써 모든 작전들이 공유해야 할 것 같은 막연한 유사성의 함정을 피할 수 있다. 우리는 정부의 보안 기관들이 스펙타클의 현장에서 마주하는 모든 유리한 조건들을 스스로 활용할 것이라는 사실을 합리적인 가능성으로서 마땅히 예상하고 있어야 한다. 이 현장은 바로 그러한 의도를 가지고 오래전에 조직돼 왔다. 반대로 이러한 사실을 알아채지 못하는 것이 놀라운 일이며, 그것은 거짓 같은 인상을 준다.

사법적인 탄압의 현재 관심은 물론 가장 빠른 시간 내에

---

[19]. 드보로가 여기에서 분석을 강조하고 있는 사례들은 "정치적 범죄"와 "사회적 비판"이 분리될 수 없었던 환경 속에서 블랑키, 바르랭, 그리고 두루티가 시도했던 작전들이다.

이 사안[탄압]을 일반화하는 것이다. 이러한 종류의 상품에서 중요한 것은 포장이나 라벨, 가격 코드이다. 스펙타클적 민주주의의 적은 또 다른 스펙타클적 민주주의의 적이 된다. 그것은 모든 스펙타클적 민주주의들이 차이가 없기 때문이다. 결과적으로, 테러리스트들은 망명권을 가질 수 없다. 아직 테러리스트로서 고발당하지 않은 사람들조차도 테러리스트로 취급받아 범죄인 인도 대상이 된다. 1978년 11월, 인쇄공 가보르 빈터(Gabor Winter)는 서독 정부로부터 혁명 전단을 작성했다는 혐의로 고발되었다. 검찰청을 대변하는 니콜 프라댕(Nicole Pradain)은 파리고등법원의 중죄 기소 법정에서 "정치적 동기" — 1951년 11월 29일에 체결된 프랑스와 독일 간의 협약에 따르면 범죄인 인도를 거부할 수 있는 유일한 항목은 정치적 동기이다 — 가 이 사건에 원용될 수 없음을 재빠르게 논증했다. "가보르 빈터는 정치범이 아니라 사회범이다. 그는 사회적 속박을 거부한다. 진정한 정치범에게는 사회를 거부하는 감정이 존재하지 않는다. 정치범은 가보르 빈터처럼 사회적 구조가 아니라, 정치적 구조를 공격한다." 부르주아 계급이 과거의 사회 구조를 성공적으로 와해시킨 이후부터 정치 범죄라는 개념이 유럽에서 존중할 만한 것으로 인정돼 왔다. 정치 범죄의 특성은 블랑키(Blanqui),[20]

---

20. 루이 오귀스트 블랑키(Louis-Auguste Blanqui, 1805-1881)는 사회주의적 공화국을 주장한 혁명가이다. 그는 혁명가들의 소그룹으로 시작하여 인민을 합세하게 하는 혁명 이론인 블랑키즘을 창안한다.

바르랭(Varlin),[21] 두루티(Durruti)[22]의 경우들이 그랬던 것처럼 사회 비판의 다양한 목표와 분리될 수 없다. 그래서 오늘날에는 비용이 들지 않는 사치품처럼 순수한 정치 범죄를 인정하는 척한다. 아마 누구도 결코 정치 범죄를 저지를 기회를 갖지 못할 것이다. 직업 정치인들을 제외하고 누구도 이 문제에 관해 관심을 두지 않기 때문이다. 정치인들의 범죄는 대부분의 경우 기소되지 않으며, 이 범죄는 정치 범죄라고 지칭되지도 않는다. 모든 범법 행위와 범죄는 사실상 사회적 범죄이다. 그러나 사회적 범죄들 중에서 이 사회 속의 무엇인가를 또다시 바꾸고자 하는 무례한 주장보다 최악의 범죄로 간주되는 것은 없다. 이 사회는 지금까지 너무나 참을성을 보여 왔고 너무나 선량했다고 생각한다. 그래서 이 사회는 더 이상 비난받길 원하지 않는다.

---

21. 으젠느 바르랭(Eugène Varlin, 1839-1871)은 파리코뮌과 제1인터내셔널에 참여했던 프랑스의 아나키즘 성향의 사회주의 운동가이자 혁명가였다. 1871년 그는 국제노동자협회 파리지부의 선언문을 작성했으며, 파리 제6, 7, 8구의 코뮌위원회의 대표로 압도적 지지를 받으며 선출된다. 그는 재정위원회에 소속되어 파리코뮌과 노동자들의 관계를 도모하는 데 기여했다.
22. 부에나벤투라 두루티(Buenaventura Durruti Dumange, 1896-1936)는 스페인 내전에서 활동한 스페인의 아나키스트 혁명가였다. 국왕 알폰소 13세의 암살을 시도하고 후안 솔데비아 로메로 추기경의 암살 사건에 연루되기도 한 그는 1936년 공화파 군대에 의해 죽음을 맞는다.

10

 논리적인 사고가 새로운 지배 체계의 철저한 계략에 따라 여러 수단들을 통해 와해되어 왔다. 몇몇 수단들은 스펙타클이 실험하고 대중화시킨 기술 장치와 관계 있으며, 다른 수단들은 오히려 복종을 위한 군중 심리와 결합돼 있다.

 기술적인 측면에서 스펙타클의 수단들을 고려해 보자. 사람들은 종전에는 그들 자신이 직접 방문할 수 있었던 각 장소에서 자신들의 시각으로 세계를 관찰했다. 이제는 **다른 누군가에 의해 선별되고 구축된 이미지**가 세계에 대한 개인의 주요한 이해 방식이 되었다. 사람들은 이미지가 모든 것을 떠받들고 있다는 사실을 당연히 인식하고 있다. 이 이미지 속에 어떤 것이라도 모순 없이 병치될 수 있기 때문이다. 밀물같이 밀려오는 이미지들은 모든 것을 휩쓸어 간다. 또한 다른 누군가는 자신이 원하는 대로 감각적 세계의 이러한 단순화된 축소판을 통치하고 있다. 이 흐름의 방향을 정하고 이 흐름 속에 보여 줘야 할 것 — 끊임없는 임의적인 놀라움처럼 — 의 속도를 결정하는 사람은 성찰을 위한 시간을 조금도 허용하지 않으려 한다. 관객들이 그것에 대해 이해하거나 사고하는 것은 전혀 고려되지 않는다. 영속적인 예속의 구체적인 경험 속에서 앞에 있는 것에 대한 아주 보편화된 신봉의 심리적인 뿌리가 발견된다. 필연적인 귀결로서 관객은 이러한 신봉을 충분한 가치로서 인식한다. 스펙타클적 담론은 본래 비밀인 것은 제외하고도 자신에게 불편한 모든 것에 대해 당연히 함구한다. 이 담론은 언제나 자신이 보여 주는 것에서 그것의 맥락, 과거, 의도와 결과 등을 떼어내어 다룬다. 그러므로 그것은 전적으로 정합성이 결여돼 있다. 그러나 어느 누구도 그것을 반박할 수 없기 때문에, 스펙타클은 스스로 모순된 말을 하면서 자신의 과거를 교정할 권한을 갖는다. 스펙타클의 하수인들이 어떤 사실에 대해 훨씬 더 기만적으로 새로운 설명을 내놓아야 할 때, 그들의 교만한 태도는 이 사실에 대한 무지와 부정확한 설명을 대중들의 탓으로 돌리면서 그것을 가차 없이 변경한다. 그런데 그 전날 언제나처럼 확신에 차서 이 오류를 유포하는 데 여념이 없었던 사람들은 바로 그들이었다. 이처럼 스펙타클의 가르침과 관객의 무지가 대립적인 요인들인 것처럼 부당하게 간주되고 있다. 그러나 이 양자는 서로를 낳고 있다. 마찬가지로 컴퓨터의 2진법 언어는 하나의 불가항력적인 유인책이 되고 있다. 그것은 누군가의 의지에 의해 입력된 프로그램을 계속해서 전적으로 용인하도록 한다. 이 프로그램은 우월하고 공정하며 그리고 고등 논리에 의한 초시간적 출처로 간주된다. 모든 것의 판단을 위한 속도와 용어의 증가가 경이롭기까지 하다. 정치적인 것인가? 사회적인 것인가? 하나의 선택을 해야 한다. 이 양자를 공히 선택할 수 없다. 나의 선택은 피할 수 없다. 사람들은 우리의 귀에 휘파람을 불어댄다.[23] 우리는 이러한 [사회적] 구조들이 누구를 위한 것인지 알고 있다. 그러므로 초등학생들의 교육이 아주 어린 시절부터 아무런 어려움 없이 컴퓨터 과학의 절대지[24]와 함께 열광적으로 시작되는 것은 전혀 놀랄 일이 아니다. 대부분의 학생들이 아직 독서 능력이 없는데도 말이다. 독서는 문장의 각 행에 대한 정확한 판단을 요구한다. 오로지 독서야말로 스펙타클 이전의 인간 경험의 광활한 영역에 길을 열어 줄 수 있다. 대화가 거의 사라졌기 때문이다. 말하는 방법을 알고 있는 대부분의 사람들도 조만간 사멸할 것이다.

오늘날 사람들의 사고 능력의 측면을 고려해 보자. 사고 능력 쇠퇴의 첫 번째 원인은 스펙타클이 제시하는 담론들이 반박의 여지를 전혀 용인하지 않는 것과 명백하게 관계가 있다. 논리적인 사고는 오로지 대화를 통해 사회적으로 형성

---

23. 라신의 『앙드로마크(*Andromaque*)』 제5막 3장의 전용. "누구를 위해 이 뱀들은 당신들의 머리에 휙휙 소리를 내는 것입니까(Pour qui sont ces serpents qui sifflent sur vos têtes)?"
24. 헤겔 『정신현상학』의 '절대지'의 전용.

된다. 게다가 스펙타클에서 표현되는 것, 즉 중요하고 훌륭하고 명망이 높은 것으로 간주되는 것 — 이는 **권위 자체이다** — 에 대한 존경심이 도처에 확산되고 있는 지금, 관객들은 이러한 권위와 닮은 자신의 모습을 과시하기 위해 스펙타클만큼이나 비논리적으로 되는 경향이 있다. 마지막으로 논리적인 사고는 용이한 것이 아니다. 누구도 그것을 관객들에게 가르쳐 주는 것을 원하지 않는다. 마약 중독자는 논리적인 사고를 공부하지 않는다. 그는 그렇게 하고자 하는 욕구가 없을뿐더러 더 이상 그것의 가능성도 가지고 있지 않다. 관객의 나태는 모든 지적(知的) 환경[틀]의, 서둘러서 양성된 전문가들의 그것이기도 하다. 이들은 여하한 경우라도 비논리적인 권력기관의 몇몇 논거들을 독단적으로 반복하면서 그것들 자체의 협소한 지식의 한계를 은폐하려고 할 것이다.

11

사람들은 일반적으로 논리적인 사고의 측면에서 가장 심각하게 무능함을 보였던 사람들이 바로 자신을 혁명가라고 칭했던 사람들이라고 믿고 있다. 이러한 근거 없는 질책은 이전 시대에서부터 비롯됐다. 이 시대에는, 눈에 띄었던 바보들과 조직원들을 예외로 한다면, 대부분의 사람들이 최소한의 논리를 가지고 사고했다. 조직원들의 사고에는 자기기만이 뒤섞여 있었다. 이 자기기만은 의도된 것이었는데, 그들은 그것을 효과적인 것으로 믿었다. 그러나 스펙타클의 집중적인 사용이, 그것을 예상할 수 있었듯이, 대부분의 현대인들을 이념가들 — 간헐적이고 부분적이기는 하지만 — 로 만들었다는 것을 이제 간과할 수 없다. 논리적인 사고의 결핍이란 중요한 것과 부차적인 것 또는 논외의 것, 양립할 수 없는 것이나 또는 그와 반대로 보완될 수 있는 것, 그리고 어떤 결과가 연루시키는 모든 것과 동시에 그 결과가 배제시키는 모든 것 등을 즉각적으로 식별하는 가능성의 상실을 의미한다. 이 질환은 스펙타클의 **마취 전문의−소생술 전문의**들에 의해 의도적으로 국민들에게 대량으로 주사되었다. 반체제 인사들은 어떤 면에서도 예속된 사람들보다 더 비합리적이지 않다. 단지 그들의 전반적인 비합리적 행동이 보다 더 강렬하게 눈에 띄는 이유는 그들이 계획을 표방하면서 실천적 활동을 이끌어 나가기 때문이다. 설령 그것이 몇몇 서적들을 읽은 다음 그들이 그것의 의미를 알고 있다는 것을 보여 주는 것에 지나지 않는다 할지라도…. 그들은 논리학과 전략까지를 철저하게 파악하고자 스스로에게 여러 의무를 부여한다. 논리학은 바로 대립의 변증법적 논리가 전개되는 전체 영역이다. 그러나 그들도 다른 사람들처럼 형식 논리학의 해묵고 불완전한 도구를 본받아 그들 자신을 이끌 능력이 심하게 결여돼 있다. 어느 누구도 그들에 대해 걱정하지 않는다. 그리고 타자들을 생각하는 사람은 거의 없다.

빈약한 스펙타클적 사고가 **교육을 통해 얻은 지식**보다 더 개인에게 심대한 영향을 미치고 있다. 개인은 이처럼 처음부터 기존 질서에 봉사하도록 배치된다. 그가 비록 주관적으로 그것에 반대되는 의도를 가지고 있다 할지라도…. 그는 스펙타클의 언어를 추종할 것이다. 그것이 유일하게 그에게 친숙하기 때문이다. 그는 이 언어를 통해 말하는 법을 배웠다. 그는 자신이 그[스펙타클] 수사학의 적(敵)임을 증명하고자 할 것이다. 그러나 그는 그 통사론을 사용할 것이다. 이것이 바로 스펙타클적 지배가 획득한 성공의 가장 중요한 요소들 중 하나이다.

　기존 어휘들이 재빠르게 소멸하고 있는 것은 단지 이러한 활동[작전]의 한 계기일 뿐이다. 이 소멸은 이러한 활동을 돕는다.

12

 개성의 소멸은 필연적으로 스펙타클적 규범에 실제로 예속된 삶의 조건들을 수반한다. 그 결과, 언제나 참된 경험들을 만나면서 그것을 통해 개인적인 기호를 발견할 수 있는 가능성은 더욱더 멀어진다. 개인이 이러한 사회 속에서 어느 정도 인정받기를 원한다면, 역설적으로 계속해서 자신을 부정해야 한다. 이러한 삶은 사실상 항상 변덕스러운 충성심, 기만적인 생산물들에 대해 지속되는 일련의 실망스러운 동조를 필요로 한다. 그것은 삶의 질을 떨어뜨리는 증상들의 남발을 빠르게 뒤쫓는 것과 무관하지 않다. 진정제는 각종 조직들에 순응하는 데 도움을 주며, 광기는 그것으로부터 탈주하는 데 도움이 될 것이다.

 재화의 **분배**는 이런 사회에서 한곳으로 집중된다. 그 결과, 이러한 분배는 동시에 공공연하고 비밀스러운 방식으로 선행될 수 있는 것을 결정하는 주인이 된다. 이런 사회의 모든 형태의 기업들에는 완벽하게 꾸며낸 자질이나 지식 또는 때로는 악덕까지가 부여된 몇몇 사람들이 존재한다. 이 사람들의 역할은 어떤 이유를 내세우면서 특정 기업들의 만족스러운 발전을 설명하는 것이다. 이것은 단 하나의 목적을 가지고 있는데, 그것은 **모든 것을 결정짓는 여러 공모**를 가능한 한 은폐하거나 또는 최소한 위장하는 것이다.

 현 사회는 막대한 수단을 동원하여 뛰어난 것으로 가정된 많은 인사들의 완전한 모습을 부각시키려고 하지만, 이러한 빈번한 시도에도 불구하고 대부분의 경우 그 반대의 것을 보여 주고 만다. 그것은 단지 오늘날의 예술을 대체한 것이나 또는 그것에 관한 담론에만 국한된 것이 아니다. 철저한 무능이 [자신과] 비견되는 또 다른 무능과 충돌하면서 극심한 혼란이 뒤따른다. 이제는 단지 누가 먼저 무너지는지의 문제일 뿐이다. 예를 들면, 한 변호사는 자신이 재판에서 사건의 한 당사자를 대표하고 있다는 사실을 망각하고, 자신의 논거만큼이나 치밀함이 결여돼 있는 상대편 변호사의 논거에 진심으로 감화되고 만다. 또한 결백한 한 용의자는 그를 범죄자라고 믿고 싶은 밀고자의 추측 **논리**에 깊은 감명을 받았다는 단 하나의 이유 때문에 자신이 저지르지 않은 범죄를 일시적으로 고백한다(1984년 푸아티에의 아르샹보 박사의 소송).[25]

---

25. 1984년 푸아티에(Poitiers) 병원에서 일하는 아르샹보(Archambeau) 박사의 몇몇 동료들은 직업적인 질투심 때문에 수술실에서 심폐 소생술을 받고

스펙타클의 첫 번째 옹호자인 매클루언은 금세기에 가장 확신에 넘쳤던 저능아처럼 보였다. 그런 그마저도 마침내 1976년에 "대중매체의 압력이 비이성으로 향해 가고 있으며" 그것의 사용을 줄이는 것이 시급하다고 천명하면서 자신의 견해를 수정한다. 토론토의 사상가는 이전에는 고역 없이 순식간에 모든 사람들을 만날 수 있는 이 "지구촌"이 가져오는 다방면의 자유에 감탄하면서 수십 년을 보냈다. 촌락은 도시와는 달리 언제나 순응주의, 고립, 사소한 감시, 같은 친족들에 대한 반복되는 험담 등에 의해 지배된다. 그리고 모나코의 그리말디 가문, 프랑크족의 부르봉 왕가 또는 스튜어트 왕가를 대체했던 가문을 구분하지 못하는 스펙타클적인 지구촌의 저속함도 그것 못지않다. 그렇지만 매클루언의 배은망덕한 제자들은 이제 사람들에게 스승을 잊게 유도하면서 매클루언의 첫 번째 발상을 새롭게 끌어들이고 있다. 이들은 일시적인 것에서 임의적으로 "선택하는" 일체의 새로운 자유를 대중매체를 통해 찬사하면서 그들 자신도 능력을 발휘할 기회를 가지려고 한다. 그들은 그들 자신에게 영감을 준 사람보다 먼저 견해를 바꿀 것이다.

있었던 몇몇 환자들에게 산소와 질소의 순서를 뒤바꾸어 공급함으로써 이들의 죽음을 초래한다. 아르샹보 박사는 재판에서 무혐의로 풀려났지만, 범인들은 끝내 규명되지 못한다.

13

 스펙타클은 자신이 구축한 경이로운 질서가 여러 가지 위험들로 둘러싸여 있다는 사실을 숨기지 않는다. 대서양의 오염과 적도 밀림의 파괴가 지구의 산소 재생을 위협하고 있다. 오존층은 산업 발전을 잘 견디지 못한다. 핵에서 비롯된 방사선은 불가역적으로 축적되고 있다. 스펙타클은 그저 우려할 일은 없다고 결론지을 뿐이다. 스펙타클은 단지 시기와 함유량에 대해 검토하고자 하며, 그 점에 있어서 사람들의 안심을 이끌어 내는 데 성공한다. 스펙타클 이전의 사람들은 이러한 행태를 있을 수 없는 것으로 간주했을 것이다.

 스펙타클적 민주주의의 방법은 전체주의적 **독재**와는 반대로 아주 교묘하다. 내용이 슬그머니 바뀌었는데도 같은 명칭이 유지된다(맥주, 쇠고기 또는 철학자). 또한 동일한 작업을 비밀리에 계속하고 있음에도 명칭이 변경되기도 한다. 예를 들면, 영국 윈드스케일(Windscale)의 핵폐기물 재처리 공장은 1957년 처참한 화재 후 의혹을 떨쳐 버리기 위해 공장 소재

지를 셀라필드(Sellafield)로 고쳐 불렀다. 그러나 이렇게 지명(地名)을 재처리해도 주변 지역에서 암과 백혈병으로 인해 치사율이 증가하는 것을 막지는 못했다. 영국 정부는 그 당시 참사가 핵에너지에 대한 대중들의 신뢰를 위태롭게 할 수 있다는 나름 근거가 있는 판단을 내리고 그것에 대한 보고서를 비밀에 부치기로 결정했다. 사람들은 이 사실을 30년 후에 민주적으로 알게 된다.

민간이나 군용 핵 개발은 그 어떤 분야들 — 주지하듯이 여기에도 이미 수많은 비밀들이 있다 — 보다 철저한 보안이 요구되는 비밀들이 있다. 이 체계의 주인들은 그들 자신이 선택한 과학자들의 생명력, 즉 거짓을 돕기 위해 측정 방법의 교체에서 효용성을 찾아낸다. 측정은 수많은 관점에 따라 달라지고, 경우에 따라 간신히 변환 가능한 여러 수치들과 재주를 부릴 수 있도록 세련되게 다듬어진다. 이런 이유로 방사능 수치를 측정함에 있어 퀴리(curie), 베크렐(becquerel), 뢴트겐(röntgen), 센티그레이(centigray)의 별명인 라드(rad), 렘(rem) 그리고 조금 알기 쉬운 밀리라드(millirad: 10^{-3}rad)와 100렘에 해당되는 시버트(sievert) 등의 단위들이 있다. 이것은 셀라필드가 여전히 윈드스케일로 불리고 있었을 무렵의 세분화된 영국 화폐의 추억을 환기시킨다. 외국인들은 이러한 복잡한 세분화에 빨리 숙달하지 못했다.

우리는 19세기의 전쟁의 역사와, 따라서 전략 이론가들이 달성했다고 생각했을 엄정성과 정확성을 상상해 볼 수 있다. 이들은 중립국의 전문가들이나 적국의 역사가들에게 중대한 비밀 정보들을 노출시키지 않으려고 다음의 문구들로 군사 작전을 관례적으로 보고했었다.

"예비 단계에서 일련의 병력 투입을 허용한다. 우리 진영의 병력 투입에서 4명의 장군과 그 휘하에 배치된 부대들로 구성된 강력한 전위 사단은 13,000정의 총검으로 무장한 적 부대와 충돌한다. 다음 단계에서 회전(會戰)이 장시간 지속된다. 이 대격전에서는 290문의 대포와 군도로 무장한 18,000명의 기병과 함께 우리 진영의 전 병력이 참여한다. 적어도 3,600명의 보병 중위, 40명의 경기병(輕騎兵) 중대장과 24명의 기갑부대 중대장 등으로 구성된 적 군대가 아군에 대항한다. 양쪽 진영의 거듭되는 성공과 실패에 따라 교전의 결말은 결국 미확정으로 판명될 것이다. 아군의 손실은 기간과 강도에 있어 비교할 수 있는 전투에서 통상 기록되는 평균 수치보다 비교적 더 낮았다. 이 손실은 그리스의 마라톤 전투의 그것을 훨씬 상회하지만, 프로이센의 예나 전투의 손실보다는 더 적다."

이 예에 따르면, 어떤 전문가가 투입된 전력에 대해 어느 정도 파악하는 것은 불가능한 일이 아니다. 그러나 작전의 수행은 [적의] 모든 감식력 밖에 있음을 확신했다.

1987년 6월 프랑스전력공사(EDF)의 시설국장 피에르 바셰르(Pierre Bacher)는 핵발전소의 새로운 안전 수칙을 공표한다. 밸브와 여과장치를 설치하면 한 "지역" 전체에 피해를 입힐 수 있는 원자로의 균열이나 차폐 구역의 폭발과 같은 중대한 참사를 보다 용이하게 피할 수 있게 된다. 과도한 차폐 시설의 설치가 그러한 참사를 불러온다. 기계의 엔진이 과도하게 회전하고 있는 조짐이 보이면 그때마다 몇 킬로미터로 제한된 구역 — 이 구역은 매번 달라지고 바람 때문에 아무렇게나 확장된다 — 에 천천히 기계의 압력을 줄여 준다. 시설국장은 지난 2년 동안 드롬(Drôme) 지방의 카다라슈(Cadarache)에서 진행된 실험을 통해 "폐기 가스가 주를 이루는 폐기물이 핵발전소 내부의 방사능의 몇 퍼밀(‰), 최악의 경우 1퍼센트(%)를 초과하지 않음을 구체적으로 보여 주었다"고 밝히고 있다. 따라서 최악의 경우의 수치인 1퍼센트는 여전히 낮은 수치라는 것이다. 관계 당국은 전에는 논리적으로 불가능한 사고의 경우를 제외하고 사고의 위험이 전혀 없다고 사람들을 안심시켜 왔다. 몇 년에 걸쳐 행해진 첫 번째 실험과 함께 이제 논법이 다음과 같이 바뀐다. 사고는 언제나 가능하다. 그러니 피해야 할 것은 사고가 참사의 문턱에 도달하는 것이다. 이는 쉬운 일이다. 그때마다 적당히 오염시키면 그만이다. 몇 년 동안 하루에 140센티리터씩 보드카를 마시는 것으로 한정하는 것이 폴란드 사람들처럼 대번에

곤드레만드레가 되는 것보다 훨씬 건강할 것이라는 것에 대해 누가 동의하지 않겠는가?

　상품경제 담론에 최소한의 반대를 표현하는 것이 현실적으로 불가능하게 된 시기이다. 이 시기에 인간 사회가 이처럼 논란이 많은 문제에 직면하는 것이 정말이지 유감스러운 일이다. 이 시기의 지배는 자신의 불완전하고 상식을 벗어난 결정과 정당화에 대한 모든 설명으로부터 비켜나 스펙타클에 의해 엄폐되고 있기 때문에, **자신이 더 이상 사고할 필요가 없음을 믿고 있다.** 지배는 정녕 더 이상 사고를 할 줄 모른다. 확고한 민주주의 옹호자조차도 보다 더 현명한 주인이 선출되는 것을 원하지 않는지 모른다.

　프레온 가스는 우주 복사의 유해 효과로부터 지구를 보호하는 얇은 오존층 — 우리는 이를 기억할 것이다 — 을 얼마 전부터 빠른 속도로 소멸시키고 있다. 이 분야의 전문가들은 1986년 12월 제네바에서 거행된 국제회의에서 이 가스 생산을 전 세계적으로 금지하는 것을 의제로 삼았다. 엘프-아키텐(Elf-Aquitaine) 그룹의 화학제품을 생산하는 자회사에 소속된 다니엘 베릴르(Daniel Verilhe)는 이 회사를 대표하는 자격으로 이 금지를 강력하게 반대하는 프랑스 대표의 구성원이 되어 아주 의미 있는 발언을 한다. "잠재적인 대체물을 개발하는 데 3년은 족히 요구되며, 생산비는 4배로 증가할 것이다." 주지하듯이, 높은 고도에 위치한, 이 사라져 가고 있는 오존층은 누구의 소유물도 아니며 상업적 가치도 없다. 따라서 **산업적** 전략은 반대자들에게 현실이 무엇인지 환기시키면서 경제에 대한 그들의 불가해한 무지를 알려 주는 것이다. "산업적 전략을 환경의 필요성에 기초하는 것은 무모한 일이다."

정치경제학을 "인간의 완전한 부정"[26]으로 규정하고 그것을 이미 오래전부터 비판하기 시작했던 사람들은 오류를 범하지 않았다. 정치경제학의 특질은 여전히 변함이 없다.

---

26. 마르크스는 정치경제학을 "인간의 완전한 부정"으로 규정한다.

14

　사람들은 오늘날의 과학이 경제적 수익률의 명령에 종속됐다고 말하곤 한다. 그러나 그것은 과거에도 마찬가지였다. 새로운 사실은 경제가 이제 인간들, 다시 말해 삶의 가능성뿐만 아니라 생존의 가능성에 대항하여 공공연하게 전쟁을 벌이고 있다는 점이다. 과학 사상은 과거에는 자신의 많은 부분을 노예성에 대항하는 데 할애했으나, 지금은 스펙타클적 지배에 봉사하기를 선택했다. 과학은 이 지경에 이르기 전까지는 상대적인 자율성을 확보하고 있었다. 그렇기 때문에 과학은 자신의 분야를 사유할 수 있었다. 그것은 경제의 수단들을 증가시키는 데 엄청나게 기여했다. 무소불위한 경제가 광기로 치닫게 되면서 — **스펙타클적 시간은 이것 외에 아무것도 아니다** — 이 경제는 과학적 자율성과 떼어 놓을 수 없는 두 측면 — 방법론과 "연구자들"의 활동을 위한 실제적인 조건들 — 의 마지막 자취들을 제거해 버린다. 과학은 더 이상 세계를 이해하고 이 세계 속의 무엇인가를 증진시킬 것을 요구받지 않는다. 과학이 요구받는 것은 지금 일어나고 있는 것에 대한 즉각적인 정당화 작업이다. 스펙타클적 지배는 이 분야는 물론이고 여타의 분야들을 치명적인 몰지각으로 사취하고 있다. 이 지배는 곤봉을 만들 유일한 목적으로 과학적 지식의 거대한 나무를 베어 버린다. 명백하게 불가능한 정당화를 강제하는 사회적 요구에 순종하려면 깊은 사유를 포기하고 스펙타클적 담론의 편리함에 숙달되는 것이 더 나은 일인지 모른다. 이 비열한 시기에 매춘하는 과학은 대단한 열의를 가지고 민첩하게 새로운 전문 영역을 바로 이러한 활동 무대 속에서 발견한다.

기만적인 정당화의 과학은 부르주아 사회의 쇠퇴의 첫 징후들에서부터, "인문"과학이라 지칭되는 사이비 과학들의 암적인 확산과 함께 자연스럽게 출현한다. 현대 의학은 한때는 유용한 학문으로 간주되었다. 그런데 천연두나 나병을 물리쳤던 사람들이 이제는 방사능이나 농·식품의 화학물질 앞에서 비굴하게 굴복하고 만다. 우리는 의학이 이제 병을 일으키는 환경에 대항하여 국민의 건강을 방어할 권리마저 상실했음을 어렵지 않게 알 수 있다. 그것은 국가, 또는 적어도 제약 산업과의 마찰을 의미하기 때문이다.

그러나 과학이 입을 다물 수밖에 없다는 것만으로 오늘날 과학 활동의 전모가 설명될 수 없다. 또 하나는 과학이 매우 빈번하게 순박하게 주장하는 것과 관련이 있다. 1985년

11월 라에네크(Laënnec) 병원의 두 교수 에방(Even)과 앙드리외(Andrieu)는 4명의 환자를 대상으로 8일간의 실험을 거친 후 그들 사신이 어쩌면 에이즈의 치료법을 발견했는지도 모른다고 공표했다. 환자들이 죽은 지 이틀 후, 치료법 연구를 덜 진척시켰다는 이유로, 또는 어쩌면 질투심 때문에, 많은 의사들이 두 교수의 성급한 태도에 몇몇 의문들을 제기했다. 이들은 몇 시간 후면 근거 없는 것으로 판명될, 성공과 무관한, 착각을 일으키는 징후에 불과한 것을 성급하게 공표한 두 교수를 비판했다. 두 교수는 동요하지 않고 "그래도 헛된 희망이 그것의 부재보다 낫다"고 주장했다. 이러한 주장은 그 자체만으로도 과학 정신의 완전한 부정이다. 그리고 이러한 사실을 인식하기에는 이 두 교수는 너무나 무지하다. 이러한 과학 정신은 역사적으로 이익을 좇는 돌팔이 의사의 꿈을 엄호하는 데 활용되었다. 그 시절에는 돌팔이 의사에게 병원의 지휘권을 떠넘기지 않았다.

공인된 과학은 대부분의 사회적 스펙타클처럼, 이렇게 처신하기에 이르렀다. 사회적 스펙타클은 물질적으로 현대화되고 보충된 겉모습을 가지면서 장터의 간이 무대에서 **마술사, 여리꾼, 야바위꾼** 등이 써먹었던 해묵은 기술을 부활시키고 있다. 이러한 맥락에서 점성가들, 이단 종파들, 진공 포장된 선(禪) 또는 모르몬교도들의 교리 등이 나란히 커다란 권위를 회복하는 것을 도처에서 목격하는 것은 놀라운 일이 아니다. 무지는 기존의 권력에 정성껏 봉사하며, 거기에 더해 법망을 피해 이행하는 기발한 기획에 의해 언제나 악용당한다. 문맹이 이처럼 심화된 시기보다 더 좋은 시기가 있겠는가? 그러나 이러한 현실은 결국 또 다른 마법의 실연(實演)으로 부정된다. 유네스코(UNESCO)는 창설 당시 자신의 임무를 후진국들의 문맹 퇴치로 삼고 문맹에 대한 아주 명확한 과학적 정의를 채택했다. 동일한 현상이 뜻밖에도 다시 나타났는데, 이번에 이 현상이 일어난 곳은 이른바 선진국이라 불리는 진영이다. 그것은 마치 그루시(Grouchy) 장군을 기다리고 있던 어떤 사람이 그루시 장군 대신에 블뤼허(Blücher) 장군이 전투에 합류하는 것을 목격하는 것과 같다.[27] 이 문제의 해결은 전문가 근위대를 부르는 것으로 충분하다. 전문가들은 저항할 수 없는 단 한 번의 공격을 통해 곧바로 새로운 표현을 찾아낸다. 이들은 [알파벳] 문맹(analphabétisme)을 [문자] 문맹(illettrisme)으로 대체한다. "거짓 애국자"라는 용어가 국가의 대의명분을 지지하도록 시의 적절하게 출현하는 것처럼, 교육학자들은 신조어의 적합성을 암석 위에 새겨 넣기 위해 새로운 정의를 마치 오래전부터 그것이 채택된 것처럼 재빨리 통과시킨다. 이 정의에 따르면, [알파벳] 문맹자(analphabète)는 주지하듯이 글 읽는 것을 전혀 배우지 못한 사람을 의미하는 반면에, 이 단어와는 반대로 현대적 의미에

---

27. "어떤 사람"은 나폴레옹을 지칭하며, 전투가 벌어진 곳은 워털루(Waterloo)이다.

서 [문자] 문맹자(illettré)는 글 읽기를 배웠으나 (그리고 글 읽기를 이전보다 더 잘 배운 사람이라고 교육학의 공인된 역사학자들과 이론가들이 냉정하게 승언하고 있다) 우연하게 그것을 **곧바로 잊어버린** 사람이다. 이 놀라운 설명은 문제의 핵심을 벗어나고 있으며, 보다 더 과학적인 시대에 살고 있는 사람이면 누구나 뇌리에 떠올릴 첫 번째의 논리적 귀결을 외면하고 있다. 이 설명은 이 사실을 보지 못하는 것처럼, 이를테면 이러한 귀결을 외면하는 기술을 보여 주려는 목적을 가지고 있는 것처럼 보인다. 그렇지 않다고 한다면 이 설명은 안심보다는 염려를 가중시킬 위험을 안고 있을 뿐이다. 다시 말해, 이 새로운 현상은 그 자체로 설명돼야 하고 극복돼야 하는 것이다. 왜냐하면 이 현상은 사유의 파손이 심화되고 있는 오늘날 이전에는 어느 곳에도 전혀 관찰되지 않았으며, 게다가 상상조차 할 수 없는 것이었기 때문이다. 사유가 파손된 곳에서 설명의 쇠퇴와 실천의 쇠퇴는 나란히 걷는다.

15

100년 전 간행된 사르두(Sardou)의 『새로운 프랑스어 동의어 사전』은 기만적인 것(*fallacieux*), 속이는 것(*trompeur*), 사칭하는 것(*imposteur*), 유혹하는 것(*séducteur*), 속임수를 쓰는 것(*insidieux*), 자극적인 것(*captieux*)과 같은 낱말들에서 파악돼야 하는 미묘한 차이를 정의 내리고 있다. 이 낱말들의 총체는 오늘날 스펙타클의 사회의 초상화에 어울리는 일종의 팔레트의 물감들이다. 그러나 사르두가 위험과 관계된, 유사하지만 매우 다른 의미를 지닌 낱말들을 아주 명쾌하게 정의하기에는 그의 시대와 전문가로서의 그의 경험에 한계가 있었을 것이다. 체제 전복에 전념하는 집단은, 예를 들면 **흩어진**(*égaré*) 단계, **인위적으로 일으킨**(*provoqué*) 단계, **잠입한**(*infiltré*) 단계, **조종하는**(*manipulé*) 단계, **찬탈한**(*usurpé*) 단계, **정세를 역전시킨**(*retourné*) 단계를 차례로 밟아야 하는 위험에 일반적으로 직면해 있다. 어쨌거나 "무장 투쟁"을 신봉하는 교조주의자들[28]은 이러한 미묘한 차이를 전혀 고려해 본 적이 없다.

"기만적인 것(fallacieux)이라는 낱말은 라틴어 *fallaciosus*에서 연유하였는데, 이 낱말은 교활한 것 또는 속이는 데 익숙한 것과 관계 있다. 이 형용사의 어미는 속이는 것(*trompeur*)의 최상급과 동등한 가치를 가지고 있다. 잘못 생각하게 하는 것 또는 어떤 방식으로든 과오를 유인하는 것이 속이는 것이다. 책략과 착각을 일으키기에 가장 적합한 위압적인 장치로써 속이려는 구상을 세워, 그것을 통해 속이고, 착각을 일으키게 하며, 과오 속으로 내몰기 위해 행해지는 것이 기만적인 것이다. 속이는 것이라는 낱말은 포괄적이며 모호한 낱말이다. 모든 형태의 불확실한 기호와 외양은 뭔가를 속이는 것이다. 기만적인 것이라는 낱말은 그릇됨, 음흉함, 계산된 협잡을 지칭한다. 궤변적인 담화, 서약과 추론은 기만적인 것이다. 이 낱말은 사칭하는 것, 유혹하는 것, 속임수를 쓰는 것, 자극적인 것과 같은 낱말들과 등가적인 것은 아니지만 유사성을 지니고 있다. 사칭하는 것이라는 낱말은 위선이나 중상모략 등의 예에서 알 수 있듯이, 착각을 일으키게 하거나 해를 끼치기 위한 모든 형태의 거짓된 외양이나 또는 미리 준비된 음모를 지칭한다. 유혹하는 것이라는 낱말은 어떤 사람을 사로잡고, 교묘하고, 환심을 잘 사는 수단을 통해 이 사람을 혼

---

28. "무장 투쟁"을 신봉하는 교조주의자들은 안토니오 네그리, 오레스테 스칼초네, 프랑코 피페르노(Franco Piperno), 란프랑코 파체(Lanfranco Pace), 파올로 비르노(Paolo Virno) 등과 같은 이론가들을 염두에 두고 한 말이다.

란에 빠트리게 하는 계산된 행위를 나타낸다. 속임수를 쓰는 것이라는 낱말은 오로지 교묘하게 함정을 설치해 사람들을 그곳에 빠트리게 하는 행위만을 지칭한다. 자극적인 것이라는 낱말은 어떤 사람을 깜짝 놀라게 하여 그로 하여금 과오를 범하게 하는 교묘한 행위로 한정된다. 기만적인 것이라는 낱말은 이상에서 열거한 대부분의 특질들을 결집하고 있는 낱말이다."

16

　현대 국가의 관리에 유용한 여러 고안물들과 함께 최근에 러시아로부터 도입된 **역정보**(逆情報)라는 개념은 아직은 생소하다. 이 개념은 권력 당국은 물론이고 그 필연적인 귀결로서 경제적 또는 정치적 기관들의 한 분야를 담당하는 사람들에 의해, 이미 수립된 것들을 유지하고자 하는 의도로 공공연하게 활용돼 오고 있다. 이들은 역정보의 활용에 예외 없이 **역습**의 기능을 부여한다. 단 하나의 공식적인 진리에 반기를 들 수 있는 것은 당연히 적대적인 세력, 혹은 적어도 경쟁 세력으로부터 발설된 허위 정보일 수밖에 없다. 이 진리는 악의에 의해 의도적으로 왜곡될 수 있다. 역정보는 권력기관에 유리한 사실의 단순한 부정이나 혹은 그들에게 불리한 사실의 단순한 긍정이 아니다. 그렇다고 한다면 그것은 일종의 [집단적인] 강박관념(psychose)으로 명명될 수 있다. 단순한 거짓과는 달리 역정보 — 지배 사회의 옹호자들이 이 개념에 관심을 갖는 것이 바로 이 부분이다 — 는 일정 부분의 진리를 필연적으로 포함하고 있어야 한다. 물론 이 진리는 능숙한 적에 의해 의도적으로 조작된 진리이다. 역정보를 비난하는 권력기관은 자신에게도 절대적으로 결점이 없다고 믿지 않지만, 틀림없는 모든 비판을 역정보의 본성과 일치하는 아주 무가치한 것으로 일축하는 기술을 알고 있다. 그 결과, 권력은 자신의 어떠한 특수한 결점도 인정하지 않는다.

  요약하면, 역정보는 진리의 부당한 사용이라 할 수 있다. 역정보를 투척하는 사람은 범죄자이고, 그것을 믿는 사람은 저능아이다. 그런데 도대체 교활한 적은 누구인가? 이 경우에 교활한 적이 테러리즘일 수는 없다. 테러리즘이 사람들에게 **조작된 정보를 제공할** 가능성은 희박하다. 왜냐하면 테러리즘은 존재론적 관점에서 가장 역겨운 그리고 가장 용인하기 어려운 **과오를 연상시키는** 것을 가지고 있기 때문이다. 이 낱말의 어원과 20세기 중반의 짧은 기간 동안 동구와 서구, 집약된 스펙타클과 분산된 스펙타클로 갈라놓았던 제한된 대결에 대한 생생한 기억 때문에, 통합된 스펙타클의 자본주의는 오늘날에도 여전히 전체주의적인 관료주의적 자본주의 — 종종 테러리스트들의 후방 기지 또는 원천으로서 제시되는 — 가 계속해서 자신의 본질적인 적임을 믿는 척하고 있다. 물론 반대편에서도 상대편에게 동일한 논리로 대응한다. 양 진영의 협력과 결속을 나타내는 무수한 증거들이 있는데도 불구하고···. 사실인즉 이미 자리를 잡고 있는 모든 권력은 국지적으로 존재하는 다소의 경쟁 관계에도 불구하고 결코 드러내어 말하는 법이 없지만, 독일 인터내셔널 운동의 몇 안 되는 구성원들 중의 하나가 환기시켰던 말을 계속해서 마음속에 두고 있다. 1914년의 전쟁이 발발한 직후, 즉각적인 성공과 무관했던 체제 전복의 진영에 섰던 이 인터내셔널리스트는 어느 날 "주적은 우리나라 안에 있다"라고 상기시켰다. 결국 역정보는 19세기의 사회적 전쟁 담론 속의 "나쁜 정념들"이 상징했던 것과 등가물이다. 그것은 불투명한 상태로 머물고 있는 모든 것, 예외적인 행복에 반대하려는 모든 것이다. 주지하듯이, 사회는 자신을 신뢰하는 사람들에게 예외적인 행복을 맛보게 한다. 이 행복은 여러 위험들이나 보잘것없는 환멸들을 아무리 지불해도 지나치지 않을 것이다. 역정보가 제공되고 있는데도, 스펙타클 속에서 이 행복을 보고 있는 사람들은 그것[스펙타클]의 비용에 인색하게 굴 필요가 없다는 데 동의하고 있다.

이처럼 아주 특수한 역정보의 경우를 설명하고 그것을 규탄하면서 얻을 수 있는 또 하나의 이점은 결과적으로 사람들이 스펙타클의 일반적 담론 속에 역정보가 있을 수 있다는 사실을 의심하지 않게 된다는 것이다. 그것은 스펙타클이 가장 과학적인 증거물을 통해 역정보가 발견되는 유일한 현장을 지목할 수 있기 때문이다. 사람들은 자신들을 불쾌하게 만들 이 역정보에 대해서만 말할 수 있을 뿐이다.

최근에 프랑스에서 토의됐던, "역정보 없음이 보장된" 매체에 공식적으로 일종의 인증표를 부여하겠다는 계획은 의심할 여지 없이 — 그것이 의도적인 미끼가 아닌 이상 — 잘못된 일이다. 그것은 **대중매체**에 종사하고 있는 몇몇 직업인들에게 상처를 주었다. 이들은 여전히 그들 자신이 앞으로는 실제로 검열로부터 자유로울 것이라고 믿고자 하고, 또는 보다 수수하게 사람들로 하여금 그것을 믿게 하려고 한다. 그러나 무엇보다도 역정보의 개념은 확실히 **방어적으로** 사용될 수 없다. 하물며 만리장성이나 마지노선과 같은 곳들을 보강하는 답보 상태의 방어를 위해서는 더욱더 사용될 수 없다. 이런 곳들은 역정보를 금지하는 공간을 절대적으로 보장해야 한다. 물론 역정보는 있어야 하며, 도처에 파고들 수 있도록 원활히 유통되어야 한다. 스펙타클적 담론이 공격당하지 않는 곳에서 이 담론을 방어하는 것은 어리석은 일이다. 반대로 대중의 관심을 피해야 할 사안들에 대해, 명백한 증거에도 불구하고, 이 담론을 방어하는 것은 역정보 개념을 극도로 빨리 약화시킬 것이다. 게다가 권력기관들은 어떤 특정한 정보가 역정보를 포함하지 않고 있다는 것을 보장해야 하는 어떠한 현실적 필요성도 가지고 있지 않다. 그리고 권력기관들은 그렇게 할 수 있는 수단도 가지고 있지 않다. 왜냐하면 이 권력기관들은 존중을 받지 못하고 있으며, 그리고 문제가 되고 있는 정보에 대한 의혹을 초래하는 데에만 공헌할 것이기 때문이다. 역정보의 개념은 오직 반격으로만 유효할 뿐이다. 역정보는 예비로 비축되어야 하며, 그 후에 갑자기 나타나는 진리를 격퇴할 용도로 순식간에 전선에 투입되어야 한다.

일종의 과도한 역정보가 일시적으로 갈등 관계에 있는 몇몇 특정한 이해를 위해 종종 출현할 위험이 있고, 그리고 그것을 신뢰할 가능성이 있기도 하다. 또한 역정보가 보다 책임 있는 역정보에 대한 총괄적인 작업을 방해하면서 통제 불능이 되기도 한다. 이것은 정보 조작이 보다 전문적이거나 보다 치밀한 조종자들에 의해 장악되어 있어 그것을 두려워해야 한다는 것을 뜻하지 않는다. 그것은 단지 역정보가 이제는 **검증을 위한 어떠한 장소도 없는** 세계 속에서 전개되고 있음을 의미한다.

역정보라는 혼란스런 개념은 오로지 역정보의 소문에 의해 여러 비밀 조직 기구들이 무마시킬 수 없었던 비판들을 즉각적으로 공박하기 위해 무대에 올려진다. 예를 들면, 사람들은 필요하다고 생각하면, 이 책이 스펙타클에 관한 역정보의 시도, 또는 같은 말이기는 하지만 민주주의를 위협하는 역정보의 서적이라고 말할 수 있다.

그 전도된 스펙타클적 개념이 주장하는 것과는 반대로 역정보의 실천은 오직 지금 여기의 국가를 섬기는 것일 뿐이다. 역정보는 국가의 직접적인 명령 하에 있거나, 동일한 가치를 방어하는 사람들의 결정을 따른다. 역정보는 사실 정보의 가장 중요한 특징으로서 현존하는 모든 정보 속에 있다. 협박을 통해 복종을 유지시켜야 하는 곳에서만 역정보가 명명된다. 역정보가 **명명된** 곳에는 그것이 존재하지 않는다. 역정보가 존재하는 곳에서는 그것이 명명되지 않는다.

이데올로기들이 여전히 서로 대립하던 시기, 현실의 어떤 알려진 양상에 대한 찬반 의견을 공표했던 이데올로기의 시기에는 광신도들과 거짓말쟁이들이 있을 뿐이지 "역정보원들"은 존재하지 않았다.

역정보는 스펙타클적 합의를 준수하기 위해, 혹은 적어도 스펙타클적 허영심을 과시하려는 의욕 때문에 사람들이 반대하는 것이나 또는 어떤 결과를 감수하고라도 찬성하는 것을 진실로 표명하는 것이 더 이상 허용되지 않을 때 사용된다. 그리고 사람들이 허용돼야 한다고 간주되는 것 중에서 몇몇 이유 때문에 위험한 것으로 간주되는 측면을 종종 은폐하지 않으면 안 될 경우에도, 마치 경솔이나 망각에 의해 또는 **자칭** 거짓 추론에 의한 것처럼 역정보가 활용된다. 하나의 사례를 들면, 1968년 운동 이후 분쟁의 현장에서 프로-시투(pro-situ)[29]라고 불렸던 무능한 정치적 회유자들은 **최초의 역**

---

[29] "상황주의자 인터내셔널(Internationale Situationniste)" 운동을 추종하는 사람들이나 단체들을 일컫는다.

정보원들이었다. 이들은 우리의 비판[이론]을 신봉한다고 우쭐해했는데, 이 비판은 실천적 시위들을 통해 입증된다. 그런데 이들은 이러한 실천적 시위들을 가능한 한 무시해 버렸다. 이들은 이 비판의 표명이 약화되는 것에 아랑곳하지 않았으며, 마치 그들 자신이 어떤 것을 발견한 것처럼 보이도록 작품이나 저자를 인용하는 법이 결코 없었다.

17

나는 1967년 헤겔의 유명한 경구를 뒤집으면서 "**진정으로 전도된 세계에서 진리는 거짓의 한 계기이다**"라고 이미 언급했다. 그 이후의 시간들은 이 원칙이 각자의 특정 분야에서 예외 없이 심화되고 있음을 보여 주고 있다.

현대 예술이 이처럼 더 이상 존재할 수 없는 시대에 고전예술을 평가한다는 것은 어려운 일이다. 다른 분야와 마찬가지로 이 분야도 오로지 악용 목적으로 무지가 생산된다. 역사의 의미와 안목이 상실된 시기와 동시에 사람들은 왜곡의 조직망을 정비한다. 그것은 전문가들과 감정사들을 장악하는 것으로 충분하다. 모든 것을 유통시키는 것이 꽤 용이해졌다. 이러한 종류의 거래는 다른 모든 거래와 마찬가지로 판매가 가치를 공증하기 때문이다. 이후에는 수집가들과 위작들로 골머리를 앓는 미술관들 — 특히 미국의 미술관들 — 의 차례이다. IMF[국제통화기금]가 100개 국가의 막대한 부채가 흑자 가치를 갖는다는 허구를 주장하는 것처럼, 이들 또한 판매된 작품들이 좋은 평판을 유지하는 것이 그들 자신에게 득이 될 것이다.

모조품이 안목을 구축한다. 모조품은 진품과 대조할 수 있는 가능성을 의도적으로 차단하면서 모조품을 부양한다. 심지어 가능하다고 한다면 모조품과 유사하게 보이도록 진품이 다시 만들어지기도 한다. 부유하고 가장 현대적인 미국인들이 위조 예술품 거래에 이용당하는 사람들이다. 그런데 바로 이들이 베르사유 궁전이나 시스티나(Sixtine) 성당의 복원 작업에 재원을 조달하고 있다. 그런 이유로 미켈란젤로의 벽화가 만화의 선명한 빛깔을 띠게 되고, 베르사유 궁전의 진품 가구들이 비싼 가격을 치르고 텍사스에서 수입된 루이 14세 시대의 가짜 가구들을 닮도록 금박의 강렬한 광채를 가질 수밖에 없다.

자신의 시대가 "사실보다 이미지를, 원본보다 복사본을, 현실보다 표상을" 선호한다는 포이어바흐의 판단은 스펙타클의 세기를 통해 많은 분야에서 완전히 입증되고 있다. 19세기에는 그러한 분야들, 즉 자신의 근원적인 본성이었던 것 — 자본주의의 산업 생산물 — 으로부터 거리를 유지하고자 했다. 그래서 부르주아지는 미술관, 독창적인 오브제, 엄밀한 역사적 비평, 원본 자료 등에 대한 엄격한 주의력을 널리 보급시켰다. 그렇지만 오늘날에는 위조품이 도처에서 진품을 대체하는 경향을 보이고 있다. 그래서 아주 우연하게 자동차 통행으로 인한 오염 때문에 마를리(Marly) 궁의 기마상[30]이나 또는 생-트로핌(Saint-Trophime) 성당[31] 정면 현관의 로마네스크 양식의 조각상들이 플라스틱 모사품들로 대체될 수밖에 없었다. 요컨대 모든 것이 이전보다 아름답게 보일 것이며, 그것이 관광객들의 사진 촬영에 도움이 될 것이다.

이와 관련하여 최고봉을 이룬 것은 의심할 여지 없이 진시황제의 거대한 **산업화된** 군대의 다수의 조각상들[병마용갱]에 대한 중국 관료주의의 우스꽝스러운 모조품이다. 수많은 외국의 정상들이 그것을 **현장**에서 찬미하도록 초대된다. 이것은 ― 우리는 아주 혹독하게 이 정상들을 비아냥거릴 수 있으므로 ― 이 정상들의 그 많은 보좌관들 중에서 중국 또는 그 밖의 지역의 예술사에 안목을 가지고 있는 사람이 단 한 명도 존재하지 않는다는 것을 말하고 있다. 우리는 이들의 지식이 전혀 다른 차원임을 알고 있다. "각하의 컴퓨터에 정보가 입력되지 않았습니다." 처음으로 어떠한 예술적 지식 없이도, 진품과 가품을 식별하는 지각이 없이도 한 국가를

---

30. 마를리(Marly) 궁은 이브린의 마를리-르-루아(Marly-le-Roi)에 있으며, 루이 14세의 통치 기간에 건축돼 제1제정 때 파괴됐다. 마를리 궁의 기마상은 현재 루브르 박물관에 전시 중이며, 그 모사품은 박물관 서쪽 샹젤리제 거리에서 콩코드 광장으로 들어오는 입구 한쪽에 위치해 있다.
31. 생-트로핌(Saint-Trophime) 성당은 아를르(Arles)의 리퍼블릭 광장에 위치하고 있으며, 프랑스의 대표적인 로마네스크 양식의 성당이다.

통치하는 것이 가능하게 됐다. 우리는 단지 이 객관적인 사실 하나만으로도 경제와 행정에 휘둘림을 당하는 이 어수룩한 사람들이 세계를 아주 거대한 파국으로 치닫게 할 것이라고 추측할 수 있다. 그들이 실천에 옮긴 행동이 이미 그것을 보여 주지 않았다고 한다면….

18

우리 사회는, 자산가들의 집결된 재산을 은닉해 주는 "유령 회사들"에서 오늘날 사법절차를 초월하여 절대적인 자유를 누리는 국가의 거대한 영역을 엄호하고 있는 "국가 기밀 보호"에 이르기까지, 광고로 은폐된 **조잡한 생산**의 비밀 — 대부분의 경우 공포감을 주는 — 에서 일반화된 미래의 여러 변화에 대한 예측에 이르기까지, 비밀을 토대로 구축된다. 지배층만이 이러한 예측을 토대로 자신이 그 존재를 전혀 인정하지 않을 것의 가장 그럴듯한 경로를 추측하면서, 그것에 대해 비밀스럽게 내세울 대답을 계산한다. 우리는 이와 관련해 몇 가지 사실을 관찰할 수 있다.

수많은 장소들이 대도시들과 시외의 몇몇 공간들 속에 항상 마련돼 있다. 이 장소들은 접근이 금지된, 이를테면 모든 시선으로부터 감시·보호되며, 악의 없는 호기심이 미치는 사정거리 밖에 있으며, 첩보 활동으로부터 견고하게 엄폐돼 있다. 이 장소들 모두가 실제로 군사 지대가 아니다. 그러나 이 장소들은 행인들이나 주민들, 그리고 심지어 경찰에 의한 어떠한 감시의 위험에서 벗어나 있는 전형들이다. 경찰은 오래전부터 오로지 아주 소소한 범죄의 감시와 진압으로만 그 역할이 축소돼 있다. 바로 그처럼 알도 모로(Aldo Moro)가 P2(Potere Due)의 죄수로서 감옥에 투옥될 당시,[32] 그는 잘 찾아낼 수 없는 건물이 아니라 뚫고 들어갈 수 없는 건물에 감금돼 있었다.

비밀리에 행동하도록 양성된 수많은 요원들이 언제나 존재한다. 이들은 오직 그것만을 위해 교육받고 훈련한다. 이들은 보호된 자료들, 즉 이 자료들의 비밀스런 관찰과 분석으로 무장된 특수 파견대이다. 그리고 비밀 사건들을 악용하고 조작할 목적으로 여러 전문 기술로 무장한 요원들이 있다. 마지막으로 "행동조"에 소속된 요원들은 분석한 문제들의 해결을 위해 여러 가지 수단들을 준비하고 있다.

특수 요원들에게 부여된 감시와 지배력을 위한 수단들의 증대와 함께, 이들은 매년 그들 자신에게 전체적으로 보다 유리해진 상황을 마주한다. 예를 들면, 통합된 스펙타클의 사회에서의 새로운 조건들은 이 스펙타클에 대한 비판이 실

---

32. 엄밀히 말하면, 전수상 알도 모로는 P2가 아닌 이탈리아 정부에 의해 감금됐다. 드보르는 여기에서 이탈리아의 공식적인 정부와 "음성적인" 정부(P2) 간에 차이가 없음을 비판하고 있다.

질적으로 은밀하게 행해지도록 강제하고 있다. 그것은 비판이 몸을 숨기기 때문이 아니라, 오락의 사고방식을 조장하는 강력한 연출에 의해 비판이 보이지 않기 때문이다. 그럼에도 비판을 감시하고, 필요한 경우 그것을 부정하는 임무를 부여받은 요원들이 있다. 이들은 비판을 표적으로 삼아 은밀한 곳에서 전통적인 수단들, 즉 선동과 침투 그리고 여러 방식에 의한 올바른 비판의 제거 — 이를 실행하기 위해 준비한 위장된 비판을 내세우면서[33] — 등을 최종적으로 활용할 수 있다. 스펙타클의 일반적인 기만이 수천 개의 특수한 기만들을 이용하는 가능성으로 인해 강화된다면, 불확실성은 언제나 증대된다. 의문의 범죄가 감옥이나 외딴 곳에서의 자살로 설명될 수도 있다.[34] 논리적 사고의 와해는 사리에 어긋나게

---

33. 1968년 여름 이탈리아의 네오나치이자 정부의 공작원이었던 마리오 메를리노(Mario Merlino)는 "제22 가두시위대(XXII March Group)"를 결성하여 로마 아나키스트 집단에 잠입한다. 이 단체의 명칭은 다니엘 콘-벤디트(Daniel Cohn-Bendit)와 훗날 "상황주의자 인터내셔널" 운동에 뛰어드는 몇몇 급진파들이 이끌었던 프랑스 낭테르 대학의 "제22 가두시위 운동"에서 차용된 듯하다. "제22 가두시위대"는 수많은 시위들을 주도한다. 그중의 하나는 로마의 프랑스 대사관 앞에서 시위를 벌인 뒤 여러 대의 차량들을 파손한 것과 관련 있다. 이탈리아의 언론들은 곧바로 이 파손 행위를 공산당이 주도한 폭력 행위로 간주하고 일제히 (공산당을) 규탄한다.
34. 아나키스트였던 주세페 피넬리(Giuseppe Pinelli)는 자신과 관계없는 1969년 밀라노의 피아차 폰타나(Piazza Fontana)의 폭탄 투여 사건에 관해 심문을 받던 중 수사관들에 의해 1969년 12월 5일 살해당한다. 노벨문학상 수상자 다리오 포(Dario Fo)는 그를 주인공으로 삼아 『어느 무정부주의자의 우연한 죽음(Morte accidentale di un anarchico)』이라는 유명한 희곡을 1970년에 발표한다.

제멋대로 진행되는 수사와 소송을 의미한다. 이러한 수사와 소송은 기이한 전문가들만이 행하는 기상천외의 시체부검으로 인해 시작부터 왜곡되는 경우가 허다하다.[35]

우리는 오래전부터 도처에서 여러 범주의 사람들을 즉결처형하는 것을 봐 왔다. 널리 알려진 테러리스트들, 또는 그렇다고 간주되는 사람들이 테러리스트의 방식으로 공개적으로 처단당하고 있다. 모사드는 아부 지하드(Abou Jihad)[36]를, 영국의 육군공수특전단(SAS)[37]은 아일랜드인들을, 그리고 스페인의 "반테러 해방그룹(GAL)"의 비밀경찰[38]은 바스크인들을 원격 살해할 수 있다. 추정상의 테러리스트들에 의해 살해당하는 사람들은 까닭 없이 선별되지 않는다. 하지만 그 이유를 아는 것은 일반적으로 불가능한 일이다. 우리는 이

---

[35]. 이탈리아 좌익 출판인 잔자코모 펠트리넬리(Giangiacomo Feltrinelli)의 죽음과 관련된 수사를 암시하고 있다. 수사 당국은 그가 전기 철탑을 훼손하는 도중에 감전되어 사망했다고 주장했다.

[36]. 아부 지하드(Abou Jihad, 1936-1988)는 파타(Fatah)를 창설한 팔레스타인의 지도자였으며, 아라파트와 함께 팔레스타인해방기구(PLO)를 지휘했다. 그는 1988년 4월 초엽에 이스라엘 비밀정보기관 모사드의 요원들에 의해 암살당한다.

[37]. SAS(Special Air Service)는 영국 육군의 특수부대이다. 북아프리카 전선의 적 후방에서 작전을 하기 위해서 1941년에 창설된, 세계 최초의 전문화된 특수부대로서 오늘날 많은 나라들의 특수부대의 전범이 되었다.

[38]. GAL(Grupo Anti-Terrorista de Liberacion)은 스페인 내무부와 보안부대에 소속된 특공대이다. 이 특공대는 1959년에 창설되어 바스크의 독립을 요구하는 ETA(바스크의 조국과 자유, Euskadi ta Askatasuna)의 구성원들을 암살하는 임무를 부여받았다.

탈리아의 안위를 위해 볼로냐(Bologna) 철도역의 폭파가 일어났다는 사실,[39] 그리고 브라질의 "죽음의 특공대(Escuadrón de la muerte)"가 무엇인지, 또한 마피아가 부정한 갈취를 위해 미국 내의 호텔을 방화할 수 있다는 것을 알고 있다. 그러나 "브라반트(Brabant) 살인자들"[40]이 궁극적으로 무엇을 위해 그러한 행위를 저질렀는지는 알 수 없다. 서로에게 영향을 미치는 무수한 이권들이 잘 은닉된 세계에서 "퀴 프로데스트(Cui prodest)"[41]의 원칙을 적용하는 것은 용이하지 않다. 그 결과, 사람들은 통합된 스펙타클 아래 수많은 불가사의들이 합류하는 지점에서 살고 죽는다.

대중매체와 경찰에서 흘러나오는 소문은 순식간에, 최악의 경우에는 서너 번의 반복 후에 만인이 인정하는 해묵은 역사적 증거로서 비중을 지니게 된다. 오늘날 스펙타클의 전설적

---

[39] 1980년 8월 2일 이탈리아의 볼로냐 기차역에 폭탄이 터져 85명이 사망하고 200여 명 이상의 부상자가 발생한다. 이 대학살을 감행한 일당에는 네오나치인 스테파노 델레 치아이에(Stefano Delle Chiaie)가 포함돼 있었다.
[40] "브라반트 살인자들"은 1982년부터 1985년까지 브뤼셀 일대의 슈퍼마켓 주차장에서 28명의 쇼핑객을 총으로 쏘아 사살한다. 그런데 이들의 행적은 많은 의문을 갖게 한다. 군사용 무기로 무장한 그들은 외양상 무작위로 예닐곱의 사람들을 조준해 살해하면서도 정작 슈퍼마켓의 금고는 관심이 없는 듯 소액의 금액만을 강탈해 도주한다. 또한 이 사건과 관련해서 어느 누구도 체포되지 않았다. 최근에 언론은 살인자들이 완전히 무작위로 희생자를 고르지 않았으며, 우익 조직과 연결되어 있었을지도 모른다고 의심하고 있다.
[41] "누가 이득을 보는가?"의 라틴어 표현.

인 권위에 따르면, 은밀하게 제거됐던 불가사의한 인물들이 가공의 생존자들이 되어 세상에 다시 등장한다. 이들의 귀환은 언제나 전문가들이 퍼트리는 가장 자연스런 소문으로 환기되거나 예견되며, 그리고 **증명된다**. 스펙타클에 의해 합법적으로 매장되지 못했던 이 주검들은 아케론 강과 레테 강 사이의 어떤 곳에 있다.[42] 이 주검들은 사람들이 소생시켜 줄 때까지 자고 있는 것으로 간주되었다. 테러리스트는 언덕에서 다시 내려오고, 해적은 바다에서 돌아온다. 도둑은 더 이상 훔칠 이유가 없다.[43]

이처럼 불확실성은 도처에서 조직된다. 아주 빈번하게 지배층이 **위장 공격**으로 엄호된다. 대중매체는 이 위장 공격을 대서특필하면서 작전의 진정한 의도를 놓칠 것이다. 1981년 테헤로 중령과 코르테스에 주둔한 민간 치안대원들에 의한 이상한 습격이 그러한 경우이다. 이 기습의 실패는 보다 현대적인, 즉 위장된 또 하나의 쿠데타를 은폐하고 있었다. 이

---

[42]. 1968년 10월 2일 멕시코시티의 틀라텔롤코(Tlatelolco)에서 수많은 학생들이 멕시코 군대에 의해 살해당한다. 많은 사람들은 비행기로 운반된 시신들이 멕시코 만으로 내던져진 것으로 믿고 있다.
[43]. 로버트 루이스 스티븐슨의 「진혼곡」 암시. 또한 "도둑은 더 이상 훔칠 이유가 없다"라는 표현은 프랑스에서 공공의 적으로 불렸던 자크 메스린(Jacques Mesrine)의 공범 프랑수아 베스(François Besse) — 그는 아무런 흔적을 남기지 않고 사라진다 — 를 암시하기도 한다. 제라르 르보비시는 1979년 경찰에 살해된 자크 메스린의 『죽음의 본능』이라는 전기를 재출간하려고 시도했지만, 사법당국은 그것을 금지한다.

쿠데타는 성공을 거두게 된다.[44] 동일하게, 1985년 프랑스 정보 요원들에 의한 뉴질랜드에서의 사보타주 시도의 실패도 하나의 작전으로 볼 수 있다.[45] 프랑스 정보기관은 아마도 자신의 임무 집행의 형태와 목표물의 선택에 있어 과장된 실수를 사람들로 하여금 믿게 하면서, 이들의 관심으로부터 또 다른 수많은 과업을 수행했을 것이다. 1986년 가을 파리 시의 지하 유전에 대한 지질조사가 요란스럽게 진행된다. 경제적 측면에서 보면 아주 터무니없는 자칭 석유 탐사를 주민들에게 보여 주면서 이들의 (정신·감각의) 마비와 복종 능력이 도달할 수 있는 지점을 측정하는 것이 거의 모두가 인정하는 이 지질조사의 의도였다.

---

44. 1981년 2월 3일 안토니오 테헤로(Antonio Tejero) 중령은 민병대 출신의 무장한 200명의 장교를 앞세워 코르테스의 의회에 난입하여 투표를 위해 모여 있던 의원들을 인질로 삼아 군사 쿠데타를 일으킨다. 발렌시아의 군사령관도 이에 호응하면서 자신의 관할 지역에 계엄을 선포한다. 몇 시간 후 후안 카를로스(Juan Carlos) 국왕이 육군 최고사령관의 제복을 입은 채 방송에 나와 연설을 한다. 그는 쿠데타를 거부하며 시민들과 군인들에게 헌법을 수호하고 "민주적인" 절차를 수호할 것을 명령한다고 천명한다. 정오 무렵 테헤로 중령과 장교들은 의회 건물 밖으로 나와 투항하며, 쿠데타 시도에 호응했던 장군들도 체포된다. 하지만 일각에서는 이 쿠데타를 국왕이 점점 약화되고 있던 자신의 권력과 대중적 인기를 회복하기 위해 직접 명령 내린 거짓 쿠데타로 간주하고 있다.
45. 1985년 7월 5일, 프랑스 정보기관은 남태평양 뉴칼레도니아에서 프랑스에 의한 핵폭탄 실험을 저지하기 위해 뉴질랜드 오클랜드 항에 정박 중이던 국제 환경 단체 그린피스 소속 선박 '레인보우 워리어(RAINBOW WARRIOR)'호를 폭파한다.

미국 행정부가 이란에 불법적으로 무기를 판매한 사건 이후 권력은 아주 불가사의한 것이 됐다.[46] 과연 누가 이른바 민주적 세계에서 가장 강력한 국가를 명령하고 있는지 자문하지 않을 수 없다. 도대체 누가 민주적 세계를 명령할 수 있을까?

이 세계는 경제적 필연성에 대해 공식적으로 최고의 존중을 표하고 있다. 그런데 누구도 생산된 어떤 것이 실제로 얼마의 비용이 드는지 전혀 모르고 있다. 사실 실질 비용의 가장 중요한 부분은 결코 산정되지 않는다. 그리고 나머지는 비밀에 붙여진다.

---

46. 1986년 레이건 정부는 공식 외교 방침과 달리 이란에 불법 무기를 판매한다. 그리고 이 판매 대금의 일부를 합법적으로 선출된 니카라과 산디니스트 정권에 대항하는 반군에 지원한 사실이 드러난다. 이것이 이른바 '이란-콘트라 스캔들'이다.

19

1988년 초 노리에가 장군은 갑작스럽게 세계적으로 알려진다. 그는 국민 경비대를 지휘하는, 직함이 없는 독재자였다. 파나마는 주권국가가 아니기 때문에 군대를 보유할 수 없었다. 파나마는 운하를 위해 움푹하게 파여 있다 — 운하가 파나마를 위해 파여 있는 것이 아니다. 이 나라의 통화는 달러이다. 또한 외국 군대가 이곳에 주둔하고 있다. 경찰국장으로서 점령군을 섬겼던 폴란드의 야루젤스키 장군과 전적으로 동일하게, 노리에가도 모든 경력을 그렇게 쌓았다. 그는 파나마에서 챙기는 이득이 충분하지 않자 미국에서 마약을 수입했으며, 자신의 "파나마" 자본을 스위스에 예치했다. 그는 쿠바에 대항하여 미국 중앙정보국(CIA)과 협력했으며, 또한 자신의 경제활동의 안전한 보호를 위해 상당수의 수입 경쟁자들을 이 문제에 예민했던 미 당국에 밀고하기도 했다. 워싱턴의 질투를 야기했던, 그의 안전의 주요 조언자인 이스라엘 첩보 기관 모사드의 전직 요원 마이클 하라리(Michael Harari)는 그 분야에선 최고의 인물이었다. 미 당국은 자국의 몇몇 법정이 경솔하게 노리에가에게 유죄판결을 내리자 그를 제거하기로 결정한다. 그는 자신에게 격분하는 파나마 국민과 외국인들에게 내항해서 파나마인의 애국심으로써 천 년 동안 자신을 방어할 것이라고 선언했다. 그는 곧바로 반제국주의의 이름 아래 쿠바와 니카라과의 보다 엄격한 관료주의적 독재자들로부터 공개적인 박수갈채를 받아낸다.

노리에가 장군은 파나마 특유의 기이한 현상이 아니다. 세계의 모든 곳에서 행해지고 있는 것처럼, 그는 **모든 것을 판매하고 모든 것을 조작한다**. 그는 일종의 국가를 대표하는 일종의 국가원수이며, 일종의 장군이자 자본가이다. 그는 모든 관점에서 통합된 스펙타클의 완벽한 전형이며, 이 스펙타클이 아주 변화가 많은 국내외 정치의 방침에 따라 허용하는 성공을 대표하는 사람이다. 노리에가는 **우리 시대의 군주**[47]의 모델이다. 권력을 거머쥐고 그곳에 남으려고 하는 사람들 중에서 가장 능력 있는 자들이 그와 가장 닮아 있다. 파나마가 이러한 경탄할 만한 사람들을 생산하는 것은 아니다. 그것은 이 시대이다.

---

47. 마키아벨리의 『군주론』 암시.

20

 모든 정보기관은 클라우제비츠의 엄밀한 전쟁 이론에서 언급된 한 가지 사항, 즉 **지식**[정보]이 **권력**이 되어야 한다는 것에 동의한다. 이 기관은 바로 이 사실로부터 자신의 위엄, 자신의 고유한 특수한 시성(詩性)을 이끌어 낸다. 스펙타클이 행동하는 것을 용인하지 않으며 다른 사람들의 행동에 관해 진실을 말하지 않고 외면함에 따라, 정보는 스펙타클로부터 철저하게 추방된다. 정보는 현실을 분석하고 이 현실에 대해 비밀리에 행동하는 사람들에게 거의 도피한 듯하다. 최근에 마거릿 대처가 모든 수단을 강구하면서 덮으려 했던 폭로가 있었다. 그러나 그러한 시도가 폭로의 정당성을 인정하는 꼴이 되어 모든 것이 허사로 돌아갔다. 이 폭로가 보여 주는 것은 영국의 정보기관은 자신이 위험하다고 간주하는 정치를 추진하는 장관을 몰락시킬 수 있는 능력을 이미 보유하고 있다는 것이다.[48] 스펙타클이 야기하는 일반적인 경멸

---

48. 영국의 제67대, 69대 수상을 역임했던 해럴드 윌슨(Harold Wilson)을 암시하고 있다. 선거를 앞두고 사임을 강요당했던 그는 1976년 3월 16일 수

감은 이처럼 색다른 이유들로 인해 키플링 시대에 "그레이트 게임"으로 명명됐던 것의 매력을 회복시켜 준다.

많은 강력한 사회운동들이 대중을 운집시켰던 19세기에는 "치안적인 역사관"이란 하나의 반동적이고 터무니없는 해명이었다. 오늘날의 거짓된 반체제 인사들은 소문이나 몇몇 서적을 통해 그것을 알고 있으며, 그러한 결론이 영원한 진리로 존속될 것임을 믿고 있다. 이들은 자신의 시대의 구체적인 실천을 전혀 보려고 하지 않는다. 그들의 냉각된 희망에는 그것이 너무 비극적이기 때문이다. 국가는 이 사실을 인지하고, 그것을 이용한다.

국제 정치 활동의 거의 모든 양상과 국내 정치에서 큰 비중을 차치하고 있는 사람들 중에서 비밀 정보기관의 방식으로 처신하고 그들 자신의 모습을 드러내는 사람들이 점점 더 증가하고 있다. 이들은 속임수, 허위 정보, 이중적 설명 ─ 또 다른 설명을 숨기고 있는 설명, 또는 단지 설명하고 있다는 인상을 주는 설명 ─ 등을 이용한다. 이 시점의 스펙타클은 필연적인 몰이해로 지친 세계, 활기도 없고 결론도 없는 지루한 범죄소설 시리즈를 알려 주는 것으로 자신의 역할을 제한한다. 범죄소설에서는 한밤중 터널 속에서 벌어지는 흑

상직에서 물러난다.

인들의 싸움에 대한 사실주의적 연출이 충분한 극적 동기가 된다.

어리석은 사람은 TV에서 아름다운 이미지를 보여 주고 그것을 노골적인 거짓으로 논평하는 것을 분명하게 신뢰한다. 반(半)엘리트는 거의 모든 것이 모호하고 양면성을 지니고 있으며, 정체불명의 코드에 의해 "조작됨"을 인지하는 것으로 만족한다. 확고부동한 엘리트는 진리를 알고자 한다. 그러나 이용할 수 있는 보호된 자료들과 비밀들에도 불구하고 개별적인 각 사건의 진리를 명확하게 식별하는 것은 쉬운 일이 아니다. 그런 까닭에 엘리트는 진리의 전략을 알고자 한다. 이러한 진리의 사랑은 대체로 실패로 끝나고 말지만….

21

 비밀이 세계를 지배하고 있다. 비밀은 다른 무엇보다도 지배의 비밀로서 이 세계에 군림한다. 스펙타클은, 지배가 통합된 스펙타클의 "자유세계" 속에서 단지 민주주의에 봉사하는 행정부로만 제한돼 있는 것과 마찬가지로, 비밀이 단지 사회의 모든 영역에 대해 풍부하고 자유롭게 제공되는 정보 규칙에 대한 불가피한 예외일 뿐이라고 설명한다. 그러나 누구도 진정으로 이 설명을 믿지 않는다. 그렇다면 어떻게 관객들이 비밀의 존재를 수용하게 되는가? 만에 하나 사람들이 세계의 중요한 현실들에 무지한 관객들에게 이 세계를 대처하는 방법에 대해 의견을 묻는다면? 비밀의 존재는 그 하나만으로도 관객들이 이 세상을 관리할 수 없음을 보장하고 있다. 명확한 사실은 비밀이 어느 누구에게도 접근할 수 없는 순수성과 기능적인 보편성의 모습으로 나타나지 않는다는 것이다. 모든 사람은 필연적으로 전문가들을 위한 작은 비밀의 영역이 있음을 인정한다. 그리고 많은 사람들은 사태의 일반에 대해 **비밀을 알고 있다고** 믿는다.

라 보에시(La Boétie)는 『자발적 복종』에서 어떻게 전제군주의 권력이 이 권력의 중심부를 에워싸고 있는 집단들, 또는 이 집단들에 속해 있다고 믿으면서 이득을 취하는 개인들로부터 지원을 이끌어 내는지 기술하고 있다. 마찬가지로 우쭐해 하는 정치인들과 대중매체의 유명인들 — 어느 누구도 이들이 **무책임한 사람들**이라고 의심하지 않는다 — 가운데 많은 사람들은 친분과 비밀 정보를 통해 많은 것들을 파악하고 있다. 비밀 정보를 알고 있는 것에 만족해하는 사람은 결코 그것을 비판할 수 없다. 따라서 이 사람은 자신이 가지고 있는 비밀 정보에서 진리의 가장 중요한 부분이 언제나 그에게 결핍돼 있다는 것을 결코 알아채지 못한다. 그는 사기 도박꾼들의 너그러운 호의 덕분에 잘 맞아떨어지는 몇몇 카드를 알 수 있으나, 게임을 통제하고 그것의 본질을 설명하는 방법은 결코 알지 못한다. 그러므로 그는 지체 없이 자신을 배후 조종자들과 동일시하며, 자신이 무지의 희생자인 것을 인식하지 못한 채 무지를 경멸한다. 기만하는 절대 권력의 측근들에게 제공되는 소량의 정보는 일반적으로 지어낸, 확인할 수 없는 조작된 허구가 포함된다.[49] 그렇지만 이 정보를

---

49. 예를 들면 스튜어트 크리스티(Stuart Christie), 『스테파노 델레 치아이: 어둔 테러리스트의 초상화』(London, 1984)에서 2차 세계대전 이후 리하르트 겔렌(Richard Gehlen)이 창설한 독일연방정보부(Bundesnachrichtendienst)와 미국 중앙정보국(CIA)의 관계를 다음과 같이 진술하고 있다. "펜타곤은 겔렌이 크렘린 궁까지 뻗어 있는 정보망을 가지고 있을 것이라는 믿음 하

획득하는 사람들은 그것을 알지 못하는 사람들에 비해 우월감을 느끼며 만족해한다. 게다가 이 정보는 지배를 좀 더 찬성하게 만드는 데 유효할 뿐이지 지배의 이해에는 결코 도움이 되지 않는다. 이 정보는 **일등석의 관객들의 특권**을 구성한다. 이들은 그들 자신에게 은폐된 것은 알지 못한 채 **폭로된 것만을 믿으면서** 그들 자신이 뭔가를 움켜쥐고 있다고 믿는 어리석음에 빠져 있다.

지배층은 적어도 자신의 자유롭고 방해 없는 관리가 생태적인 영역(예를 들면, 화학)뿐만 아니라 경제 영역(예를 들면, 은행)에서도 조만간 수많은 대규모 참사를 야기할 것이라는 것을 알고 있다는 점에서 현명한 구석이 있다. 이들은 이미 얼마 전부터 이 이례적인 재난에 대처하는, 적당한 역정보에 의한 통상적인 조작 이외의 수단을 준비하고 있다.

에 그의 정보국 전체를 흡수 병합했다. 1949년 초 겔렌이 이용했던 망명 단체에 속한 한 정보원은 미국에 전달되는 정보의 90%는 허위 정보라는 사실을 인정했다. (…) 겔렌 조직이 미국에 전달한 허위 정보들은 냉전의 출현에 주요한 요인이 되었다."

22

 전적으로 의문으로 남아 있는 암살의 수치가 지난 20년 동안 증가하고 있다. 몇몇 하수인들이 가끔 희생된 것은 사실이지만, 배후 지령자까지 거슬러 올라가는 것은 전혀 고려된 적이 없기 때문이다. 케네디, 알도 모로, 올라프 팔메, 장관들이나 금융가들, 한두 명의 교황, 이들보다 더 가치 있는 인사들[50] 등이 암살됐다. 이러한 암살의 대량생산의 특징은 그 표식 ― 공식 발표 속의 명백하고 매번 바뀌는 거짓 ― 에 있다. 최근에 감염된 사회적 질병의 이러한 증후군은 거의 모든 장소로 아주 빠르게 퍼져 나가고 있다. 이 증후군은 첫 번째로 관찰된 증례(症例)로부터 시작하여 국가의 정점 ― 이러한 형태의 테러가 행해지는 전통적인 장소 ― 에서 내려오는 듯하며, 동시에 사회의 밑바닥으로부터 거슬러 올라오는

---

50. 1963년 11월 22일 케네디 대통령은 오스월드(Oswald)에 의해 암살되며, 1986년 2월 28일 스웨덴 수상 올라프 팔메(Olaf Palme)가 미지의 무장강도에게 살해된다. 1978년 9월 28일 요한 바오로 1세는 교황으로 선출된 지 33일 만에 의문의 심장마비로 죽음을 맞는다.

듯하다. 사회의 밑바닥은 불법 거래와 보호 갈취가 행해지는 또 다른 전통적 장소이며, 이런 형태의 전쟁이 조직폭력배들 간에 항상 일어나는 곳이다. 이리한 활동은 사회의 모든 거래가 진행되는 한가운데서 서로 조우하는 경향이 있다. 국가는 그것에 가담하는 것을 개의치 않는 듯하며, 마피아는 지위의 승격에 성공한다. 그것을 통해 일종의 결합이 이루어진다.[51]

우리는 새로운 형태의 불가사의들 — 경찰의 무능, 검사의 우둔함, 언론의 시의 적절하지 않은 폭로, 정보기관 발전의 위기, 증인의 악의, 밀고자들의 부분적 파업 등 — 을 우발적으로 설명하려는 시도들을 무수히 들어왔다. 그렇지만 에드거 앨런 포는 『모르그 가(街)의 살인』 속에서의 유명한 추론을 통해 이미 진리를 향한 확실한 길을 알고 있었다.

"내가 보기엔 불가사의가 해결 불가능한 것으로 생각되는 것은 이 불가사의가 쉽게 해결될 것이라고 여기게 하는 이유

---

[51]. 아마 이 결합은 1942년에 시작될 것이다. 마피아는 뉴욕 항에 정박하고 있던 호화 유람선 '노르망디 호(the Normandie)'를 폭파한다. 그 여파로 인해 해군정보실(ONI)은 군대 수송선의 역할을 할 새로운 방법을 모색하던 중, 수감된 마피아 두목 찰스 "럭키" 루치아노(Charles "Lucky" Luciano)의 도움을 받게 된다. 조기 석방을 보장받은 루치아노는 또한 시칠리아의 침략과 관련된 해군정보실과 마피아 간의 협정을 돕는다. 1943년 7월 9일 연합군은 마피아 깃발을 나부끼며 시칠리아에 상륙한다.

자체 때문인 것 같다 — 나는 불가사의가 나타나는 과도한 성격을 말하고 있다…. 우리가 지금 추구하고 있는 조사는 '일이 어떻게 되었는지'를 자문하는 것이 아니라 '그것이 지금까지 일어난 일과 어떤 점에서 구분되는지'를 연구하는 것이다."

23

 1988년 1월 콜롬비아의 마약 카르텔은 소위 자신의 존재에 대한 여론을 개선할 의도로 성명서를 발표한다. 어느 곳에 조직돼 있든지 간에, 마피아의 최고의 요구 사항은 당연히 그들 자신이 존재하지 않음을 밝히는 것이든지, 혹은 그들 자신은 전혀 과학적이지 않은 중상모략의 희생자임을 내세우는 것이다. 이것이 마피아와 자본주의 사이의 첫 번째 유사점이다. 그런데 이러한 사태 앞에 마피아는 그들 자신만이 주역이 되어 관심의 대상이 되는 것에 악이 받쳐, 그들 자신을 부당하게 희생양으로 삼아 사람들의 관심에서 벗어나고자 하는 집단들을 거명하기까지 한다. 그들은 천명한다. "관료주의적·정치적 마피아, 은행가와 금융가의 마피아, 백만장자들의 마피아, 대규모의 불법 계약을 성사시키는 마피아, 독점권을 거머쥔 마피아나 석유 마피아, 대규모 홍보 수단을 가지고 있는 마피아 등이 있다. 우리는 이러한 마피아들과 무관하다."

물론 우리는 이 성명서의 장본인들이, 다른 분야의 사람들처럼, 범죄행위와 소소한 불법행위들로 탁해진 강물 — 이 강물이 현 사회의 전 영역에 공급되고 있다 — 속에 그들의 행위를 쏟아 버리는 것이 그들에게 이득이 된다는 것을 알고 있다. 그러나 우리는 이 사람들이 그들 자신의 직업 때문에 어느 누구보다도 자신들이 무엇을 말하는지 분명하게 알고 있다는 사실에 동의해야 한다. 마피아는 현대사회의 토양 속에서 번창한다. 그것은 노동의 다른 생산물들만큼이나 빠르게 발전하고 있다. 통합된 스펙타클의 사회는 이 노동에 의해 자신의 세계를 만들어 간다. 마피아는 컴퓨터와 식품산업, 도시의 완벽한 재건축과 빈민가, 정보기관과 문맹 등의 거대한 발전과 함께 성장하고 있다.

24

마피아가 20세기 초엽 시칠리아 노동자의 이민과 함께 미국에 출몰하기 시작했을 때, 그것은 시대에 뒤떨어진 이식된 관행에 지나지 않았다. 같은 시기에 서부 해안에서는 중국 비밀결사들에 소속된 폭력단들의 전쟁이 일어났다. 몽매주의와 빈곤에 기초한 당시의 마피아는 북부 이탈리아에서조차도 뿌리를 내릴 수 없었다. 그것은 현대 국가에서는 소멸될 수밖에 없는 것으로 보였다. 마피아는 시대에 뒤떨어진 소수의 "보호"를 받으면서 도시를 제외한 지역, 이를테면 합리적인 경찰력의 통제와 부르주아지의 법이 영향력을 발휘하지 않는 곳에서 번창했던 조직 범죄 형태였다. 마피아의 방어 전술은 단지 증인의 제거를 통해 경찰과 사법기관을 무력화시키고 그들 자신의 활동 영역 안에서 절대적인 비밀을 유지시키는 것이었다. 이어서 마피아는 새로운 장(場), 즉 분산된 스펙타클과 그것을 승계하는 통합된 스펙타클의 사회라는 **새로운 몽매주의**를 발견하게 된다. 비밀의 철저한 승리, 시민들의 보편화된 [의무·책임] 회피, 논리적 사고의 완벽한 상실 그리고 보편화된 매수(買收) 가능성과 비겁함의 심화 등, 이러한 유리한 조건들의 결합을 통해 마피아는 현대적이고 공격적인 권력이 되었다.

미국의 금주법은 모든 것을 — 여기에서 파생하는 수지(收支)를 포함해서 — 강압적으로 통제하겠다는 20세기 미국의 오만함을 보여 주는 아주 좋은 사례이다. 그것은 10년 이상 동안 조직범죄 집단에게 알코올 거래의 운영을 독차지하게 했다. 마피아는 그것을 기화로 재물을 쌓고 권한을 행사하게 되며, 그리고 선거 전략, 사업, 살인 청부업의 시장 확대, 국제정치 전략과 관련된 몇몇 작업 등에 개입하게 된다. 이처럼 마피아는 제2차 세계대전 중에 미 당국의 특별 대우를 받으면서 시칠리아 섬의 침략에 협조한다.[52] 다시 합법화된 알코올은 마약으로 대체되며, 마약은 당시에 불법적인 소비 분야에서 최고의 상품으로 도약한다. 그리고 마피아는 부동산, 은행, 고위 정치, 대규모 국가사업과 TV, 영화, 출판과 같은 스펙타클 산업 등에서 괄목할 만한 중요성을 가지게 된다. 많은 분야에서 한 제품의 광고는 아주 결집된 얼마간의 사람들에게 달려 있다. 음반 산업은 적어도 미국 내에서 이미 그러한 환경에 있다. 그렇기 때문에 이 사람들을 매수하거나 또는 위협을 가하면서 그들에게 압력을 행사하는 것은 용이한 일이다. 왜냐하면 충

---

52. 주 51 참조.

분한 양의 자본과 식별되지도 처벌 받지도 않는 암살자들이 확보된 상태이기 때문이다. 이처럼 사람들은 디스크자키(DJ)늘을 매수함으로써 고만고만한 상품들 중에서 성공할 제품을 결정한다.

미국에서의 경험과 정복의 전례를 따라 마피아는 곧바로 이탈리아에서 가장 큰 영향력을 확보하게 된다. 비밀 정부와의 역사적 타협 시기[53] 이래로 마피아는 검사들과 경찰 수장들의 살해를 명령하는 위치를 점하고 있다.[54] 마피아가 정치적 "테러"의 기획에 참여하면서 그러한 행위가 시작됐다. 상대적으로 독자적인 조건 속에 있는 일본 야쿠자의 유사한 진화는 이 시대의 단일성을 입증하고 있다.

우리는 마피아와 국가를 대립시키면서 뭔가를 설명할 때마다 오류를 범하게 된다. 이 양자는 결코 경쟁 관계에 있지 않다. 이 이론은 실생활의 모든 소문들이 정말 쉽게 드러내

---

[53]. 여기에서 "역사적 타협"은 알도 모로 수상이 공산당을 연립 여당으로 통합하려는 노력을 일컫는다. 이 노력은 대대적으로 선전됐으나 실패로 돌아간다. 역사적 타협은 동시에 이탈리아 정부와 "음성적인" 정부인 마피아 간의 비밀 타협을 뜻하기도 한다(주 32 참조).

[54]. 예를 들면, 1969년에 발생했던 여러 폭탄 테러의 수사를 지휘했던 루이지 칼라브레시(Luigi Calabresi) 경감은 1972년 5월 17일 살해된다. 또 다른 예를 들면, 1974년에 발생했던 이탈리쿠스 열차 폭탄 테러에 대해 조사하던 빅토리오 오코르시오(Vittorio Occorsio) 검사가 1976년 6월 14일 암살당한다.

보였던 것을 힘들이지 않고 입증하고 있다. 마피아는 세계의 이방인이 아니다. 마피아는 확실히 이 세계에 자신의 거처를 가지고 있다. 통합된 스펙타클의 시기에 마피아는 사실상 선진 상사(商社)들의 **모델**로서 군림하고 있다.

25

새로운 조건들이 현재 스펙타클의 **강철 군화**[55] 아래 짓밟힌 사회 속에서 주조를 이루고 있다. 예를 들면, 이러한 새로운 조건들과 함께 정치적 암살이 체로 걸러진 듯한, 약화된 조명 속에서 규명된다. 도처에 상궤를 벗어난 사람들이 예전과 비교할 수 없이 많아졌다. 매우 용이해진 것은 그것에 대해 **미친 듯이** 언급을 하게 된 것이다. 테러가 군림하더라도 그러한 대중매체들에 의한 해명을 요청하지 않을 것이다. 그와 반대로 그러한 해명을 태평하게 하는 것이 테러를 야기할 것이다.

1914년 전쟁이 임박했을 무렵 빌랭(Villain)이 조레스를 암살했다.[56] 매우 불안정한 정신의 소유자인 빌랭이 조레스를

---

55. 『강철군화(*The Iron Heel*)』는 잭 런던(Jack London, 1876-1916)이 1908년에 발표한 소설이다. 이 소설은 어용노조의 결성, 의회 의사당의 테러, 반체제 신문사를 파괴하는 흑색당 대원들, 혁명가들을 추적하는 국가의 첩보 조직 등의 묘사를 통해 지배 체제에 대한 노동 대중의 투쟁과 그들에 대한 무자비한 탄압을 진술하고 있다.

살해해야 한다는 믿음을 갖고 있었다는 사실을 누구도 의심하지 않았다. 빌랭에게 깊이 영향을 미쳤던 쇼비니즘적인 극우파들에게 조레스는 틀림없이 국가의 안위에 해악을 끼칠 인물로 보였을 것이다. 하지만 이 극단론자들은 사회당 내의 애국주의적 공감대의 막강한 힘을 과소평가했다. 조레스가 암살당하든지, 혹은 그와 반대로 그가 인터내셔널 지도자의 입장을 견지하여 전쟁을 반대하든지 관계없이, 이 힘은 "좌우 합작"을 추진하도록 사회당을 견인했다. 만일 그러한 사건이 오늘날 발생한다면, 경찰 역을 자임하는 기자들이나 "사회적 현상들"과 "테러리즘"에 정통한 전문가들은 곧바로 빌랭이 몇 번에 걸쳐 살해 시도를 계획했던 잘 알려진 인물이며, 충동적인 인물로 설명할 것이다. 그들에 의하면, 빌랭은 자신이 만나는 사람들이 다양한 정치적 견해를 표명함에도 불구하고 우연하게도 이들의 신체적 특징이나 옷차림에서 조레스와의 유사함을 매번 발견하는 인물이다. 정신과 의사들은 이 사실을 확인해 주고, 대중매체들은 이 의사들이 언급한 내용을 확인된 사실로 전달할 것이다. 바로 이러한 사실로 인해 대중매체는 **비길 데 없는** 권위를 지닌 전문가로서 자신의 능력과 객관성을 입증하게 된다. 이어서 다음 날

---

56. 조레스(Jean Jaurès, 1859-1914)는 프랑스 사회당의 지도자였다. 그는 드레퓌스 사건 때 드레퓌스의 무죄를 주장했으며, 1차 세계대전을 전후로 프랑스의 적성국이었던 독일과의 화해를 주장했다. 그는 1914년 7월 31일 몽마르트 가(街) 14번지에 위치한 쇼프 뒤 크루아상(Chope du Croissant)이라는 식당에서 살해당한다.

부터 경찰의 공식적인 수사는 빌랭에 대해 증언을 해 줄 수 있는 존경할 만한 사람들을 곧바로 찾았다고 발표할 것이다. 이들은 빌랭이 "쇼프 뒤 크루아상(Chope du Croissant)"에서 종업원들의 접대 태도에 불만을 품고 이들 앞에서 머지않아 카페 주인을 죽이겠다고 수없이 위협하고서는, 모든 사람들이 보는 가운데 그 자리에서 단골손님들 중 하나에게 총을 쐈다고 증언할 것이다.

그렇다고 해서 과거에는 진실이 대체적으로 지체 없이 밝혀졌다는 것은 아니다. 빌랭은 프랑스 사법기관에 의해 결국 무죄 선고를 받았다. 그는 1936년에 피살당하는데, 스페인 혁명이 발발했을 무렵 경솔하게도 발레아레스 제도[57]에서 체류하고 있었기 때문이다.

---

[57]. 발레아레스 제도(Baleares Is.)는 지중해 서부에 있는 스페인령(領)의 제도이다.

26

 국가가 생산의 방향을 주도하는 지분을 보유하고 있고, 상품 수요가 스펙타클적 정보-홍보에 의해 실현된 중앙 집중화에 밀접하게 의존하고 있다. 유통 조직 또한 이러한 집중화에 따라 적응해야 한다. 이러한 시점에서 경제활동의 이윤 관리라는 새로운 조건 때문에 모든 분야에서 영향력을 위한 조직망들이나 비밀 결사들의 조직이 긴요한 것이 된다. 그러므로 이것은 단지 자본, 생산, 유통의 집중화 동향의 자연적인 산물일 뿐이다. 이 분야에 있어 확장되지 않는 것은 소멸되어야 한다. 어떤 기업도 오직 오늘날의 산업, 스펙타클, 국가의 가치, 기술과 수단을 수용하지 않고서는 성장할 수 없다. 결론적으로, 이것이 우리 시대의 경제가 선택한 독특한 발전 형태이다. 이 독특한 발전 형태는 **의존과 보호**라는 새로운 개인적 유대의 형성을 모든 분야에서 강요하고 있다.

 바로 여기에 이탈리아 사람들이라면 누구나 납득하는, 시칠리아 마피아의 경구가 지닌 심원한 진리가 있다. "돈과 친구들이 있으면 사람들은 법정을 조롱할 수 있다." 통합된 스펙타클 속에서 **법률들은** 잠들어 있다. 이 법률들은 새로운 생산기술에 대처하기 위해 제정된 것이 아니기 때문이며, 그리고 이 법률들이 새로운 유형의 동맹에 의한 판매 방식으로 회피되고 있기 때문이다. 대중의 생각이나 선호는 더 이상 중요하지 않게 됐다. 그렇게 많은 여론조사, 선거, 현대화를 위한 재정비 따위들의 스펙타클이 숨기고 있는 것이 바로 그것이다. 누가 당첨자가 되든지 간에 사랑스런 고객은 **가장 저질의 물품을** 차지할 것이다. 바로 그것을 위해 이 제품이 생산됐기 때문이다.

민주적이라 통칭되는 현대 국가가 그러한 국가가 되기를 멈춘 순간부터 사람들은 매순간 "법치 국가"를 말하고 있다. 이 표현이 1970년 직후에 처음으로 이탈리아에서 대중화된 것은 전혀 우연이 아니다. **교묘하게 회피할 목적으로**, 바로 그렇게 할 수 있는 모든 수단을 보유한 사람들에 의해 여러 분야에서 법률들이 제정되기까지 하고 있다. 어떤 상황에서 ─ 예를 들면, 많은 경우 최첨단 병기들을 포함한 모든 종류의 무기들의 국제 거래에서 ─ 의 위법 행위는 단지 그만큼 더 수익을 가져올 경제 작전을 위한 일종의 지원군이다. 이전의 사업 거래는 정직하지 못한 길을 택했던 사람들에 의해 엄격하게 한정된 범위 내에서 이뤄졌다. 오늘날 많은 사업 거래는 이전과 다르게 **이 세기만큼이나 부정직하지** 않고서는 절대적으로 불가능하다.

개발 가능성이 있는 시장의 영역을 표시하고 운영할 목적을 가진 판매-관리망이 증가함에 따라 정보에 밝은 사람들, 그리고 적지 않은 도움을 주었던 사람들을 위한 인적 서비스의 수치도 증가하고 있다. 인적 서비스의 대상은 경찰관들이나 국가 이익과 안위 책임자들로 국한되지 않는다. 기능적인 음모가 멀리 떨어져 있어도 지속적으로 유지되고 있다. 왜냐하면 그들의 관계망은 감사의 마음과 충성심 — 불행하게도 부르주아 시대의 자유로운 활동에서는 희귀했던 — 을 갖게 하는 모든 수단을 가지고 있기 때문이다.

사람들은 언제나 그들 자신의 반대자로부터 무엇인가를 배운다. 새로운 부정의 세대[58]가 일시적으로 출몰했을 때 — 호메로스는 "인류의 한 세대는 나뭇잎의 한살이만큼 빠르게 지나간다"라고 말했다 —, 이 세대에 대처하기 위해 국가의 관리인들도 적법성과 위법성의 개념에 대한 청년 루카치의 비판을 읽었다는 사실을 염두에 두어야 한다. 따라서 국가의 관리인들도, 우리처럼, 이 문제[적법성과 위법성]에 관해서 어떤 종류의 이데올로기에도 당황해하지 않는다. 그리고 스펙타클적 사회의 관행은 그러한 종류의 이데올로기적 환상을

---

58. "새로운 부정의 세대"는 부르주아적 예술의 지양을 외쳤던 다다이스트들을 지칭하는 듯하다.

더 이상 조장하지 않는다. 마지막으로 이 문제에 대해 우리의 입장을 언급하자면, 우리가 일반적으로 단 하나의 위법적 활동에 집중하지 않았던 것은 우리에게는 수행해야 할 많은 활동들이 있었기 때문이라고 결론 내릴 수 있다.

27

투키디데스는 『펠로폰네소스 전쟁』의 8권 66장에서 과두제의 또 다른 음모 활동에 대해 언급하고 있는데, 그것은 오늘날 우리의 상황과 많은 유사점을 가지고 있다.

"더구나 토론에 참가했던 사람들은 음모의 편에 있었고, 이들의 발언 내용도 사전에 자기편 동료들과 조율된 것이었다. 음모자들로 인해 공포에 질린 시민들 중 누구도 선뜻 반대 의견을 표명하지 못했다. 그럼에도 누군가 [그들에 대항해] 반박을 시도하면 그들은 곧바로 그를 살해할 적합한 방법을 찾아냈다. 살인자들은 수배의 대상이 아니었으며, 사람들의 의심을 받고 있는 피의자들도 재판에 회부되지 않았다. 사람들은 저항을 하지 않았으며, 너무 공포에 떤 나머지 말 한 마디 할 수 없는 상황에 있으면서도 그들 자신이 폭력을 모면한 것은 행복하게 생각했다. 사람들은 음모자들이 그들 자신보다 훨씬 더 많다고 믿으면서 절대적인 무력감에 빠져들었다. 그들은 도시가 워낙 커서 서로를 충분히 알지 못한 까닭에 실상을 파악할 수 없었다. 이러한 조건 속에서 아무리 분개한다 할지라도 사람들은 그들 자신의 불만을 어느 누구에게도 토로할 수 없었다. 그래서 사람들은 범죄자들을 상대로 어떤 행동을 취하는 것을 포기할 수밖에 없었다. 그것을 위해선 낯선 사람이나 신뢰할 수 없는 지인과의 접촉이 필요하다. 그런데 민주제에서의 개인적인 관계들은 어디에나 불신이 깃들어 있고, 저마다 자기가 만나는 사람이 음모자들과 몰래 내통하고 있는 것은 아닌지 항상 자문하게 된다. 음모자들 중에는 과두제 지지자가 되리라고 아무도 예상하지 못한 자들도 분명히 있었다."

만일 역사가 이러한 쇠퇴 후에 우리에게 다시 온다고 한다면 ― 이것은 여전히 투쟁 중인 요인들, 따라서 어느 누구도 확신을 가지고 배제할 수 없는 성과에 달려 있다 ―, 이 『스펙타클의 사회에 대한 논평』은 언젠가 스펙타클의 역사를 기술하는 데 도움이 될 것이다. 스펙타클은 의심의 여지 없이 금세기에 발생한 가장 큰 사건이자 설명의 모험이 가장 적게 시도된 사건이다. 다른 상황이었다면 나는 이 주제에 대한 나의 첫 번째 작업에 크게 만족하고 다른 사람들이 이 작업을 승계해 주기를 희망했을 것이다. 그러나 우리가 직면한 상황을 보건대, 어느 누군가가 이 작업을 승계하는 것은 요원해 보였다.

28

사람들은 홍보-관리망으로부터 서서히 감시-역정보망으로 이행한다. 예전의 사람들은 기존 질서에 대항해 결코 음모를 꾸미지 않았다. 오늘날에는 기존 질서를 위해 음모를 꾸미는 것이 빠르게 발전하고 있는 새로운 직무가 되고 있다. 사람들은 스펙타클적 지배 아래 이 지배를 유지하기 위해, 그리고 이 지배만이 자신의 원활한 진행이라고 명명할 수 있는 것을 보장하기 위해 음모를 꾸민다. 이러한 음모는 지배의 작동 자체의 일부를 이루고 있다.

계산된 미래의 여러 예측에 맞추어 일종의 예방 내전(內戰)의 몇몇 수단들이 이미 배치되기 시작했다. 그것들은 통합된 스펙타클의 필요에 따라 몇몇 사안들의 개입을 책임지고 있는 "특별 조직들"이다.[59] 지배층은 이처럼 최악의 가능성

---

[59] "그리스도 왕의 게릴라"로 알려진 "팔라딘(Palladin)" 조직은 이러한 "특별 조직"의 대표적인 사례이다. 팔라딘 조직은 1960년대 말쯤 나치 독일의 SS 특수부대 장교를 지냈던 오토 슈코르체니(Otto Skorzeny)가 창설한

을 대비해, 1968년 여름 멕시코의 한 광장을 환기하면서 농담 삼아 이름 지은, "트레스 쿨투라스(Tres Culturas)" 전술을 계획하고 있다.[60] 그러나 이번에는 조심성을 보이지 않을 것이며, 반란이 일어나기 전에 전술이 적용될 것이다. 극단적인 경우를 제외하면, 의문의 암살로 많은 사람들을 충격에 빠트린다거나 또는 그것이 자주 일어나는 것은 통치의 좋은 수단이 될 수 없다. 암살 가능성이 있다는 것을 사람들이 알고 있다는 사실 하나가 곧바로 수많은 분야에서 계산을 어렵게 만들기 때문이다. 또한 반박하는 논거를 영리하게 선별할 필요도 없다. 무작위적 방식의 기법을 사용하는 것이 더 생산적일 것이다.

다. GAL처럼(주 38 참조), 팔라딘은 프랑스로 탈주한 ETA의 분리주의자들의 암살에 간여한다. 또 다른 "특별 암살단"에는 전직 나치들로 구성된 볼리비아의 "죽음의 피앙세" 또는 스테파노 델레 치아이의 국제조직망인 "검은 오케스트라(The Black Orchestra)" 등이 있다.

60. 1968년 올림픽대회 준비에 여념이 없었던 멕시코시티는 7월 하순부터 시위대의 물결로 가득 차게 된다. 교육 현장에서 발생한 폭력적인 학생 탄압이 계기가 된 시위는 점차 멕시코의 정치적, 사회적, 경제적, 문화적 불평등과 연계되면서 전국적으로 확산된다. 10월 2일 시민들은 그동안의 희생자들의 진상 규명 및 책임자 처벌을 요구하면서 무장한 군인들의 대학교 무력 점거에 대한 항의 표시로 붉은 카네이션 꽃을 들고 거리 행진을 시작해 트레스 쿨투라스(Tres Culturas) 광장으로 집결했다. 이 광장에 집결한 시위대를 향하여 무장 군인들이 총을 쏘기 시작하면서 광장은 피로 물들기 시작한다. 이 군인들에 의한 진압 과정에서 정확한 수치는 알 수 없으나 380명 이상의 사망자가 발생한 것으로 추측된다. 또한 시위대 중 약 6,000명 이상이 검거되며, 이 중에서 2,000명 이상이 구속된다(주 42 참조).

지배층은 또한 자신이 키운 사회적 비판의 일부를 꾸미도록 명령할 수 있는 상황에 있다.[61] 사회적 비판은 더 이상 대학교수들이나 대중매체의 인물들에게 위임되지 않을 것이다. 앞으로 토론에서는 과도한 관례적인 거짓은 되도록 자제해야 한다. 보다 잘 훈련된 또 다른 형태의 전문인들이 구사하는 비판, 새로운 방식으로 시작되고 활용되는 더 나은 비판이 필요하다. 상당히 비밀스러운 방식으로 익명 또는 무명의 저자들이 작성한 통찰력 있는 저작들이 출간되고 있다. 어찌 보면 이는 모든 사람들의 관심이 스펙타클의 광대들에게 집중되기 때문에 가능해진 전술이다. 스펙타클은 무명의 사람들을 가장 존경받을 만하게 보이게 한다. 이 저작들의 주제들은 스펙타클에서 전혀 취급되지 않았으며, 이 저작들이 보여 주는 논거들은 증명 가능한 방식의 독창성으로 인해 한층 더 돋보이게 된 정확함도 지니고 있다. 이 독창성은, **꽤 명백함에도 불구하고, 이 논거들이 전혀 사용되지 않았다는 사실**에서 비롯된다. 이러한 공작은 적어도 어느 정도 명민한 사람들을 모집해 조직에 입회시키기 위한 첫 단계의 구실을 할 수 있다. 이들이 적절하다고 판단하면, 지배층은 앞으로 있을 보다 커다란 역할을 이들에게 암시할 것이다. 이것은 몇

---

61. 드보르는 이 주제를 『유해 백과사전(Encyclopedie de Nuisances)』에서 다루고 있다. 그가 중요한 역할을 한 『유해 백과사전』은 젬므 상프랭(Jaime Semprun)과 크리스티앙 세바스티아니(Christian Sébastiani)가 "상황주의자 인터내셔널" 운동의 정신을 계승하면서 1984년에 창간한 잡지이며, 1984년부터 1992년까지 8년간에 걸쳐 15권의 낱권으로 출간된다.

몇 사람들에게는 출세의 첫걸음이 될 것이고, 등급이 떨어지는 사람들에게는 그들 자신을 포획하고 있는 세계가 놓은 첫 단계의 덫이 될 것이다.

어떤 경우에는 예민해질 수 있는 위험을 안고 있는 문제들에 대해 또 하나의 허위 비판적 여론을 만드는 것이 중요하다. 이처럼 두 개의 여론이 갑자기 나타난다. 초라한 스펙타클적 관례에 생소한 두 여론 사이에서 어수룩한 판단은 무한정으로 망설이게 된다. 토론은 적절하다고 여겨질 때마다 계속해서 어떤 것이 옳은 것인지 검토하게 된다. 대개의 경우 이것은 대중매체에 의해 은폐된 일반적 담론과 관계된 것이다. 이러한 토론은 수준 높은 비판을 제공할 수 있고, 어떤 문제들에 관해서는 명백하게 통찰력 있는 지적도 할 수 있지만, 이상하게 본질에서 벗어나 전개된다. 주제들과 표현들은 비판적 사고에 정통한 컴퓨터의 도움으로 인공적으로 선별된다. 이 각본들에는 잘 드러나지 않지만 몇 가지 놀라운 결여가 있다. 거기에는 관점의 소실점이 언제나 비정상적으로 부재한다. 이 각본들은 악명 높은 무기의 **복제판**과 유사하다. 이 복제판은 단지 공이치기가 **빠져** 있다. 이는 많은 점에서 정직성과 정확성을 보이기는 하지만, 측면에 위치하면서 문제에 접근하는 **부수적인 비판**이 될 수밖에 없다. 그것은 어떤 객관성을 가장하고 있다는 의미가 아니다. 비판은 반대로 많은 것을 성토하는 모양새를 갖추어야 한다. 부수적인 비판은 자신의 동기가 무엇인지, 다시 말해 은연중에라도 비판하는 원인과 목적이 무엇인지 밝힐 필요성을 전혀 느끼지 않는 듯하다.

소문을 조직적으로 실행하는 것은 반(反)언론적 허위 비판과 결합될 수 있다. 주지하듯이, 소문은 본래 스펙타클적 정보에 대한 일종의 우발적 몸값과 같은 것이다. 누구나 적어도 막연하게나마 소문 속의 기만적인 특징을 알고 있고, 그러므로 그것에 걸맞은 약간의 신뢰만을 갖기 때문이다. 소문의 근원은 미신적이며 속기 잘하는 판단력 마비와 관련이 있다. 그런데 지배층은 최근부터 사람들의 감시를 통해 지시와 동시에 곧바로 그들 자신에게 유리한 소문을 낼 수 있는 인원들을 배치하기 시작했다. 어떤 사람들은 여기서 미국의 광고 사회학에서 유래했던, 거의 30년 전에 정립된 이론을 실행에 옮긴다. 이 이론은 "트렌드-세터(trend-setter)"라고 명명할 수 있는 개인들에 관한 이론이다. 트렌드-세터는 자신의 주위 사람들로 하여금 자신을 따라 모방하게 한다. 사람들은 이 단계를 거치면서 자발적인 것에서 훈련된 것으로 이행하게 된다. 지배층은 또한 예산이나 특별예산의 재원을 마련하여 그것을 이전부터 관리해 온 대학과 대중매체의 전문가들, 사회학자들이나 경찰들 등과는 별개로 많은 보조 인적 자원들을 유지하기 위해 지출한다. 과거에 알려진 몇몇 모형들이 여전히 기계적으로 적용될 수 있다고 믿는 것은 과거에 대한 총체적인 무지만큼이나 판단을 그르치게 한다. "로마는 더 이상 로마 속에 있지 않다."[62] 그리고 마피아는 더 이상 깡패 집단이 아니다. 감시와 정보 조작 기관들의 업무는 더 이상 과거의 경찰관과 끄나풀의 작업 — 예를 들면, 제2제정 시대의 경찰관과 정보원 — 과 유사하지 않으며, 요즈음의 비밀 요원들은 1914년 육군 참모부의 정보국 장교들과 별로 닮지 않았다.

예술이 종말을 고한 이래로 경찰관을 예술가로 위장하는 것이 너무 용이해졌다. 변절된 네오다다이즘의 최신 모작들이 대중매체 속에서 영광스럽게 거드름 피우는 것이 용인되고 있으며, 또한 가짜 왕의 어릿광대처럼 공식 궁전의 장식 또한 조금 바꾸는 것이 허용되고 있다. 우리는 이러한 움직임과 보조를 맞추어 문화적인 위장이 국가의 영향력을 조직하는 요원들이나 보조원들을 보증하고 있음을 목도하고 있다.[63] 비어 있는 위장 박물관이나 존재하지 않는 인물의 작품들을 연구하는 위장 연구소가 기자-경찰, 역사가-경찰,

---

62. 이 문장은 라신의 『미트리다테스(*Mithridate*)』에서 인용된 구문이다. "로마는 더 이상 로마 속에 있지 않다. 내가 있는 모든 곳이 로마이다(Rome n'est plus dans Rome; elle est toute où je suis)."

63. 이와 관련하여 드보르는 도널드 니콜슨-스미스(Donald Nicholson-Smith)가 1994년에 영역한 『스펙타클의 사회』의 간행을 허락하지 않았다. 그는 이 책을 출간할 MIT(Massachusetts Institute of Technology) 산하의 출판사("Zone Books")가 CIA로부터 재정적인 지원을 받고 있다고 믿었다.

소설가-경찰의 명성들이 만들어지는 것만큼이나 빠른 속도로 개설되고 있다. 아르튀르 크라방[64]은 한 치의 의심도 없이 이러한 세상의 도래를 예측하고 있었다. 그는 잡지 『맹트낭(Maintenant)』에 다음과 같이 쓰고 있다. "우리는 조만간 거리에서 오로지 예술가들만 볼 것이다. 거기에서 인간 하나를 찾아내는 것이 정말이지 힘들 것이다." 이것이 파리의 건달들끼리 사용했던 옛 재담 — "예술가들, 안녕! 내가 잘못 생각한 것이라면 낭패로군…"[65] — 의 새로운 표현이다.

사태가 자신의 본래 모습을 갖게 된 지금, 우리는 가장 현대적인, 최고의 유통 체계를 갖추고 있는 출판사들에 고용된 몇몇 작가 집단을 관찰할 수 있다. 이 작가들이 사용하는 필명의 진위 여부는 오로지 신문에 의해 보장되기 때문에, 이들은 필명을 서로 넘겨받고, 합작하며, 서로를 대체하고, 새로운 인공두뇌를 고용하기도 한다. 이들의 임무는 개성이 아닌 주문에 의해 삶의 양식과 시대의 사상을 표현하는 것이다. 그러므로 자신을 진정으로 독립된 개인적인 문학 기업

---

64. 오스카 와일드의 조카인 아르튀르 크라방(Arthur Cravan, 1887-1918)은 스위스에서 태어나 프랑스어로 작품을 발표했던 영국의 시인이자 미술평론가이다. 앙드레 브르통은 『블랙 유머 선집』에서 크라방이 간행한 『맹트낭(Maintenant)』에 역사적인 중요성을 부여하면서 이 잡지가 "다다이즘"의 전조를 이루고 있다고 지적한다.
65. 프랑스에서 흔히 친한 (남자) 친구들끼리 교환하는 관용적인 인사말은 "Salut, les gars!(얘들아, 안녕!)"이다. 드보르는 이 문장에서 "gars"를 "artistes"로 대체하고 있다.

가라고 믿는 사람들은 이제 뒤카스(Ducasse)와 로트레아몽(Lautréamont) 백작 사이가 벌어졌다고 교묘하게 단언하기에 이른다. 뒤마(Dumas)는 막케(Macquet)가 아니며, 무엇보다도 에르크만(Erckmann)과 샤트리앙(Chatrian)을 혼동해서는 안 되며, 그리고 상시에(Censier)와 도방통(Daubenton)은 더 이상 서로에게 이야기하지 않는다.[66] 어쩌면 이러한 종류의 현대 작가들은 "나는 타자다"라는 점에서 랭보의 자취를 따르고 있다고 하는 게 좋을 듯하다.

비밀 정보기관은 스펙타클적 사회의 모든 역사 속에서 중추적인 역할을 하도록 요청돼 왔었다. 왜냐하면 비밀 정보기관에 이러한 사회의 실현을 위한 특징들과 수단들이 최고도로 집결돼 있기 때문이다. 게다가 비밀 정보기관은 또한 "서비스"기관이라는 수수한 명칭에도 불구하고 계속해서 더 한층 공익을 중재하는 권한을 가지고 있다. 이것은 남용과 무관하다. 비밀 정보기관은 스펙타클의 세계의 통상적인 습성을 충실하게 나타내고 있으므로… 이처럼 감시하는 자들

---

66. 물론 이시도르 뒤카스와 로트레아몽(Lautréamont) 백작은 동일한 인물이다. 로트레아몽 백작은 이시도르 뒤카스의 가명이다. 역사가 오귀스트 막케(Auguste Macquet)는 알렉상드르 뒤마의 대필 작가였다. 에밀 에르크만(Émile Erckmann, 1822-1899)과 알렉상드르 샤트리앙(Alexandre Chatrian, 1826-1890)은 자신들이 태어난 알자스 지방을 무대로 많은 소설을 공동으로 저술하며 40년 이상을 문우로서 함께 보낸다. 상시에-도방통(Censier-Daubenton)은 파리에 있는 지하철역의 명칭이다.

과 감시당하는 자들은 무한한 대서양으로 탈주한다. 스펙타클은 비밀의 지배를 확립한다. 그리고 그것은 언제나 **비밀의 전문가들**의 지배하에 놓일 수밖에 없다. 비밀의 전문가들 모두가 물론 국가의 통제로부터 여러 면에서 자율성을 확보하게 된 공무원들은 아니다.

29

통합된 스펙타클에서 작동하는 일반적 법칙은, 적어도 그것의 조종을 관리하는 사람들에게, 이 범위 내에서 **행할 수 있는 것이 행해져야 한다**는 것이다. 다시 말해, 그 비용이 얼마든지 간에 최신의 도구가 이용돼야 한다. 새로운 장비는 모든 분야에서 이 체계의 목표와 동력이 된다. 그리고 이 새로운 장비는 그 이용이 무분별하게 강제될 때마다 체계의 진행을 뚜렷하게 변경시킬 수 있는 유일한 것이 된다. 사회의 소유자들은 사실 무엇보다 먼저 "사람들 간의 어떤 사회적 관계"를 유지시키고자 한다. 그러나 이들은 또한 계속해서 기술적 혁신을 추구할 수밖에 없다. 그것은 그들 자신이 물려받은 재산과 함께 받아들인 의무들 중 하나이기 때문이다. 그러므로 이 법칙은 지배를 보전하는 기관들에도 동일하게 적용된다. 개발된 도구는 이용돼야 하며, 그 사용은 그러한 사용을 두둔하는 조건들 자체를 강화시킬 것이다. 비상 절차가 이처럼 항구적인 것이 된다.

스펙타클의 사회의 일관성은 어떤 면에서 혁명가들이 옳았음을 드러내고 있다. 이 사회에서는 전체를 해체하지 않고서는 가장 소소한 사항도 개혁할 수 없다는 게 명백해졌기 때문이다. 그러나 동시에 이 일관성은 일체의 조직된 혁명적 원동력을 제거했다. 그것은 노조 운동에서 신문들, 그리고 도시에서 서적들에 이르기까지 이 혁명적 원동력이 어느 정도 잘 발현되고 있었던 사회 현장들을 철폐해 버렸다. 동일한 움직임 속에서 그러한 동향이 아주 자연스럽게 담지하고 있는 무능과 몰지각이 드러난다. 그리고 개인의 관점에서 볼 때 지배적인 일관성은 가능성 있는 비범한 인물들을 제거하거나 또는 매수하는 데 탁월한 능력을 가지고 있다.

30

감시는 모든 사람들을 절대적으로 통제하는 길에서 전진하며, 이 전진이 야기하는 방해물을 만나는 지점까지 추진된다. 만일 감시가 이러한 방해물에 직면하지 않았다면, 그것은 훨씬 더 위험한 것이 될 것이다. 증가하는 개인들을 기록한 수많은 양의 정보와 그것들 — 또는 단지 이 정보들의 실제적 가치들 — 을 분석하는 데 가능한 시간과 두뇌 사이에 모순이 존재한다. 재료의 과잉은 각 단계별로 요약을 필요로 한다. 이 과정에서 많은 것이 사라지고, 존속하는 것도 해독하기에는 양이 너무 많다. 감시와 조작의 지휘 체계는 일원화되지 않았다. 실제로 사람들은 모든 분야에서 이익의 배당을 위해 분쟁을 벌인다. 결과적으로, 이 분쟁은 또 다른 가능성을 희생시키면서 기존 사회의 이러저러한 잠재성의 우선 개발권에 대한 분쟁이 된다. 하지만 다른 잠재성들이 동일한 종류의 것이라고 한다면, 그것들도 마찬가지로 존중받아야 하는 것으로 고려돼야 한다.

사람들은 유희 삼아 암투하기도 한다. 각 정보국원은 자신의 요원들과 자신이 담당하고 있는 적들에게 과도하게 가치를 부여한다. 각 국가는 현재 초국가적인 수많은 협력을 차치하고라도 불명확한 수치의 경찰 부서와 첩보 기관, 그리고 국가나 기생적 국가 비밀 정보기관 등을 보유하고 있다. 또한 감시, 보호, 정보 수집에 전념하는 많은 민간 기업들이 존재한다. 거대한 다국적 기업들은 당연히 정보 부서들을 소유하고 있으며, 그보다 규모가 작은 국영 기업들에도 그러한 부서가 있다. 이 국영 기업들 역시 국내 차원과 종종 국제 차원에 대해 독자적인 전략을 구사한다. 우리는 어떤 핵 산업 기업과 어떤 석유 기업이 공히 국가의 소유물임에도 불구하고 서로 분쟁하는 것을 관찰할 수 있다. 가관인 것은 이 두 기업이 이러한 분쟁과 상반되게 세계 시장에서의 고유가 유지에 집착하면서 하나가 된다는 점이다. 각 특정 기업의 보안 부서는 자기 기업의 태업을 억제하는 것은 물론이고, 필요한 경우 경쟁 기업의 태업을 기획하기도 한다. 해저 터널에 많은 투자를 하고 있는 어떤 기업은 불안전한 페리 선(船)들에 호의적인 입장을 보이면서, 재정상 어려움을 겪고 있는 신문들을 매수하여 기회가 닿는 대로 그들 자신의 입장이 무엇인지 알리면서 선박의 불안전성에 대해 함구하도록 한다. 산도즈(Sandoz) 사와 경쟁하는 어떤 기업은 라인 계곡의 지하수층에 무감각하다. 지배층은 비밀리에 비밀인 것을 감시한다. 그래서 이러한 기관들 각각은 **국가이성**(raison d'État)을 책임지고 있는 사람들과 아주 민첩하게 연합하면서 자신의 몫을 위해 의미를 상실한 일종의 패권을 열망한다. 의미는 인식 가능한 중추와 함께 소멸됐다.

현대사회는 1968년까지는 승승장구했고, 자신이 사랑받고 있다고 확신해 왔었다. 현대사회는 그 이후로 그러한 꿈을 포기하고 이제는 두려움의 대상이 되고자 한다. 현대사회는 "자신의 순진무구한 모습이 다시 돌아오지 않을 것"을 잘 알고 있다.[67]

이처럼 기존 질서를 위한 수많은 음모들이 서로 얽혀 있고, 거의 모든 곳에서 조직망들과 비밀 문제들이나 활동들 등이 언제나 더 첨예하게 중첩돼 있다. 그리고 신속한 통합 절차가 경제, 정치와 문화의 각 분야에 독려된다. 감시자, 정보조작자와 특수 활동이 혼재돼 있는 비율이 사회생활의 모든 분야에서 계속 증가하고 있다. 일반화된 음모가 너무 밀집되어 거의 백일하에 전개된다. 각 분야의 음모는 다른 분야의 그것을 방해하거나 혹은 위협하기 시작하고 있다. 이러한 직업적 음모자들이 정확한 이유를 알지도 못한 채 서로 감시하

---

67. 드보르는 자신의 영화 〈어둠 속에서 뱅뱅 돌다가 순식간에 불에 타 사라지리니(In girum imus nocte et consumimur igni)〉(1978)의 대사를 인용하고 있다. 이 영화의 텍스트는 몇몇 요소가 추가되어 책으로 출간된다(*In girum imus nocte et consumimur igni*, Gérard Lebovici, 1990).

고 우연하게 조우하면서 상대의 정체에 대해 확신하지 못한다. 누가 누구를 감시하는가? 외양상 누구의 이익을 대변하고 있는가? 그렇다면 그것이 사실일까? 실제 막후공작 세력들은 은닉된 채로 있다. 궁극적인 의도는 겨우 추측할 수 있을 뿐이고, 대개의 경우 미궁 속에 빠져 있다. 결과적으로, 어느 누구도 자신이 함정에 빠져 있는지 또는 이용당하고 있는지 알 수 없다. 단지 드문 경우에만 막후공작자가 자신이 성공했는지 알 수 있다. 그리고 다른 측면에서 보면, 막후공작의 승리가 올바른 전략적 관점을 선택했다는 것을 의미하지 않는다. 그래서 전술적 승리는 막대한 전력을 위험한 도정으로 내몰 수 있다.

같은 조직망에서 외양상 동일한 목표를 추구하는 사람들은 단지 이 조직망의 한 부분에 불과하다. 그래서 이들은 다른 구성원들은 물론이고 특히 수뇌부의 생각과 결론에 대해 알지 못한다. 감시의 대상이 누가 됐건 간에 이 사람에 대한 정보가 전적으로 가공적인 것이 될 수 있으며, 또한 심각하게 왜곡되어 아주 부정확하게 해석될 수 있다. 이러한 주지의 사실은 조사관들의 계산을 상당한 정도로 복잡하게 만들며 불확실하게 한다. 한 사람을 단죄하기에 충분한 것도 이 사람이 진정으로 누구인지 알아야 할 경우나, 또는 이 사람을 이용해야 할 경우에는 확실한 것이 되지 못하기 때문이다. 정보의 출처들이 서로 경쟁 관계에 있기 때문에 조작 역시 경쟁을 일삼는다.

 우리는 감시가 실행되는 이러한 조건에 입각하여 통제의 이윤율 저하 경향에 대해 논할 수 있다. 통제가 사회적 공간의 전체로 확대되면 당연히 그것을 위한 인원과 수단 들이 증가돼야 한다. 각 수단은 목적이 되고자 하며, 그것을 위해 활동하기 때문이다. 감시는 자기를 감시하며, 자기에 대항하여 공모한다.

 마지막으로, 오늘날 감시의 가장 주된 모순은 사회질서의 전복을 열망하는 것으로 간주되는 **존재하지 않는 정당**을 감시하고, [그것에] 침투하며, 영향력을 행사한다는 것이다. 그런데 어디에서 그런 전복 활동을 볼 수 있는가? 확실히 조건들이 모든 분야에서 이토록 심각하게 혁명적이었던 적은 결코 없었다. 그러나 오직 지배층만이 그것을 생각하고 있다. 부정은 철저하게 자신의 사고력을 상실했고 오래전부터 분산되고 말았다. 그런 까닭에 부정은 막연한 위협, 그저 우려되는 위협일 뿐이며, 그리고 감시는 결국 최고의 활동 현장을 상실하고 말았다. 감시와 개입 세력은 위협의 현장을 목표로 삼아 이 위협을 **사전에** 공격하기 위해 그 투입 조건을 명령하는 현재의 필요성에 따라 추진된다.[68] 이것이 감시[기

---

68. 프랑코 체제에서 첩보원으로 고용됐던 작가 곤잘레스-마타(Luis M. González-Mata)는 자신의 자서전 『백조. 첩보원의 회고록』(Grasset, 1976)에

관} 자신이 부정의 [활동] 중심지를 조직하는 것에 관심을 갖는 이유이다. 감시는 신용을 잃은 스펙타클의 수단 이상으로 부정의 중심지에 정보를 제공하면서 이번에는 테러리스트들이 아닌 이론의 정립[69]에 영향력을 행사한다.

서 다음과 같이 진술하고 있다. "보고해야 할 정보가 더 이상 없을 때 첩보원들은 그것을 날조한다; 예방해야 할 잔학 행위가 더 이상 없을 때 그들은 그것을 유발시킨다; 잠입해야 할 과격 단체를 더 이상 찾지 못할 때 그들은 그것을 설치한다."
69. "무장 투쟁을 신봉하는 교조주의자들"이나(주 28 참조), 베르나르 앙리 레비(Bernard-Henri Lévy)와 같은 "새로운 철학자들"이 여기에 해당된다.

31

 역사적 시간에 대해 정통했던 위대한 발타사르 그라시안은 『세상을 보는 지혜』에서 보편타당한 언급을 하고 있다. "행동이든지 담화든지 간에 모든 것은 시간에 맞추어 결정돼야 한다. 그것을 할 수 있을 때 희망해야 한다. 계절도, 시간도 사람을 기다려 주지 않으므로…."[70]

 그러나 우마르 하이얌[71]은 덜 낙관적이다. "비유 없이 솔직하게 말하면, ― 우리는 하늘이 놀이하는 체스의 졸들이다; ― 하늘은 존재의 체스판 위에서 우리와 놀이한다, ― 그리고 우리는 차례대로 무의 상자 속으로 돌아간다."

---

[70]. 드보르는 이 구절을 1989년 6월 7일 스페인의 아나그라마(Anagrama) 출판사에 보낸 서신에서 진술하고 있다.
[71]. 우마르 하이얌(Umar Khayyām, 1040?-1123)은 페르시아의 수학자이자 천문학자이며 시인이다. 그는 『루바이야트』라는 근대 페르시아어로 된 4행시를 남겼다.

32

 프랑스 혁명은 전쟁의 기술에 거대한 변화를 가져왔다. 클라우제비츠는 바로 이러한 경험을 한 다음에서야 비로소 전략과 전술의 구분을 확립할 수 있었다. 이 구분에 따르면, 전술은 전투에서의 승리를 위한 병력 활용과 관계 있으며, 전략은 전쟁의 목적을 달성하기 위한 승리의 활용과 관계 있다. 유럽은 [프랑스 혁명] 바로 다음에 오랜 기간 동안 [전쟁의] 결과에 따라 정복당했다. 그러나 [전쟁] 이론은 나중에야 확립되며, 부분적으로만 상술된다. 우리는 이 이론에서 무엇보다도 심층적인 사회적 변화가 직접적으로 가져온 긍정적인 특징을 볼 수 있다. 무기고, 호송대, 병력의 증가 등과는 상대적으로 독립적인 열광, [군사·사람들의] 이동성 등이 국가에 활기를 불어넣었다. 이러한 실제적인 요소들은 적군 진영의 유사한 요소들의 활동 개시에 의해 어느 날 평형을 이루게 된다. 프랑스 군대는 스페인에서 또 다른 대중적 열광과 부딪혔으며, 러시아에서는 군대가 도저히 견딜 수 없었던 국가와 맞서야 했고, 독일의 봉기 이후에는 수적으로 우세한 병력과 싸워야 했다. 그러나 프랑스 군대의 새로운 전술인 돌파 효과는 간단한 근거에 입각한 것이고, 그것에 입각하여 나폴레옹은 자신의 전략을 세웠다. 그의 전략은 마치 신용으로 취득한 것처럼 **사전에 승리를 활용하는 것**, 이를테면 아직 얻어내지 못했지만 최초의 교전에서 확실하게 획득할 승리의 결과로서의 작전과 그 다양한 변이 형태를 처음부터 구상하는 것이다. 새로운 전술인 돌파 효과 또한 그릇된 관념에 대한 부득이한 포기에서 비롯된 것이다. 이 전술은 갑자기 이러한 그릇된 관념에서 벗어나게 강제했고, 동시에 위에서 설명된 다른 혁신들이 수반하는 작용에 의해 그러한 돌파 방법을 발견했다. 새로 징집된 프랑스 병사들은 열을 지어, 즉 횡대로 정렬하여 명령에 따라 발포할 능력이 없었다. 그래서 이들은 산개 대형으로 포진하여 적진으로 전진하면서 마음대로 발포했다. 그런데 각자가 알아서 사격하는 것이 유일하게 실효성을 발휘했다. 당시 군사들 간의 충돌에서 실질적으로 소총만이 가장 결정적인 피해를 입혔다. 그럼에도 전술 이론은 끝나 가고 있던 그 세기에 그러한 결론을 보편적으로 인정하지 않았다. 이 문제에 대한 논의는 소총 발포의 사정거리와 속도의 끊임없는 진화와 실제 전투에서 계속해서 드러나는 사례들에도 불구하고 다음 세기 거의 내내 계속됐다.

마찬가지로, 스펙타클적 지배의 확립은 극도의 사회적 변화여서 그것은 근본적으로 통치 기술을 바꾸어 버렸다. 이러한 간소화는 실천에서 아주 빠르게 그러한 결실을 맺어, 그것[간소화]은 여전히 이론적으로 충분하게 파악되지 못하고 있다. 도처에서 반박당하는 해묵은 편견들, 무용하게 된 예방책들에서 다른 시대의 조심성의 자취까지, 이 모든 것들이 [스펙타클적 지배의] 모든 실천이 날마다 확립하고 공고히 하고 있는 것을 이해함에 있어 많은 통치자들의 생각에 조금 더 족쇄를 채우고 있다. 스펙타클적 지배는 예속된 사람들로 하여금 이 지배가 사라지게 만든 세계 속에서 이들이 본질적으로 존재하고 있다고 믿게 한다. 그러나 통치자들 자신도 여전히 그 세계를 믿고 있는 자가당착 때문에 종종 고통을 느낀다. 그들은 그들 자신이 제거했던 것의 일부가 마치 현실로서 계속 머물고 있고, 그들 자신의 예측 속에서 그것이 여전히 존재할 것이라고 믿기도 한다. 이 지체는 오래 가지 않을 것이다. 너무 쉽게 많은 것을 이룬 사람들은 필연적으로 더 나가려고 할 것이다. 사람들은 이들이 실제 권력의 근처에서 하나의 고풍적인 표현처럼 지속적으로 그들 자신의 자리를 보존할 것이라고 믿어서는 안 된다. 이들은 그들 자신의 유희가 지닌 새로운 규칙의 가소성(可塑性)과 이 유희의 야만적인 위엄 형태를 재빨리 파악하지 못하고 있다. 스펙타클의 운명은 결코 개화된 전제군주제로 귀결되지 않는다.

우리는 지배를 관리하고, 특히 이 지배의 보호를 지휘하는 선별된 특권계급의 승계가 불가피하며, 그것이 임박했다고 결론 내려야 한다. 물론 이 영역에서 새로운 사람들은 스펙타클의 무대에 전혀 노출되지 않을 것이다. 그들은 단지 낙뢰처럼 세상에 출현할 것이며, 우리는 그 소리들 듣고서야 비로소 그들을 식별할 것이다. 이러한 승계는 결정적으로 스펙타클적 시대의 과업을 완성할 것이며, 그것은 비록 음모를 통해 이미 권력의 중심부에 자리 잡고 있는 사람들과 관련된 일이긴 하지만 은밀하게 이루어질 것이다. 이러한 승계는 다음과 같은 핵심적인 책무에 의거하여 권력의 중심부에 참여할 사람들을 선별할 것이다. 이들은 명확하게 어떤 장애물을 극복해야 하는지 알고 있는가, 그리고 이들은 어떤 분야에 능력을 가지고 있는가.[72]

---

[72]. 드보르의 이러한 예견력은 입증된다. 이 책이 출간된 지 4년 후인 1991년 구소련 체제는 와해되며, 이와 함께 미국의 네오콘 싱크탱크인 "PNAC(Project for a New American Century)"는 새로운 제국의 밑그림을 그린다. 체니(Richard Cheney), 럼스펠드(Donald Rumsfeld), 울포위츠(Paul Wolfowitz)와 같은 네오콘들은 조지 워커 부시(George W. Bush)를 설득해 아프가니스탄, 이라크, 아이티에 대한 미국의 군사적 개입을 이끌어 낸다.

33

사르두는 또한 다음과 같이 쓰고 있다.[73]

"헛되이(*vainement*)는 주체와 관계하고, **보람 없이**(*en vain*)는 대상과 관계하며, 쓸데없이(*inutilement*)는 어느 누구에게도 무용한 것이다. 우리가 한 일이 성공하지 않았다면 우리는 헛되이 일을 한 것이며, 결과적으로 시간과 노력을 허비한 것이 된다. 우리가 한 일이 작업의 결함 때문에 정했던 목표를 달성하지 못했다면 우리는 **보람 없이** 일을 한 것이 된다. 만일 내가 작업을 완성하지 못한다면 나는 헛되이 일한 것이 되며, 나는 쓸데없이 시간과 노력을 허비한 것이다. 만일 나의 작업이 기대했던 결과를 가져오지 않는다면, 나는 **보람 없이** 일한 것이고, 다시 말해 나는 쓸데없는 일을 한 것이다….

사람들은 또한 어떤 사람이 그의 작업으로 보상을 받지 못할

---

73. 이 책의 테제 15 참조.

때나, 또는 이 작업이 인정되지 않을 때에도 **헛되이** 일했다고 말한다. 왜냐하면 그런 경우 노동자가, 다른 점에서 보면 아주 우수한 작업으로 평가될 수 있는 그의 작업 가치에 대한 어떤 예단을 넘어서, 시간과 노력/수고를 허비한 것이 되기 때문이다."

(1988년 2월-4월, 파리)

『스펙타클의 사회』의 서문

(네 번째 이탈리아어 판본, 1979)

이 책은 1967년 말경에 출간됐다.¹ 이 책의 역서들이 10여 개 국가에서 이미 출간됐는데, 대부분은 경쟁 관계에 있는 출판사들에 의해 같은 언어로 번역되었다. 이 번역물들은 거의 언제나 형편없는 것들이다. 포르투갈과 어쩌면 덴마크를 예외로 한다면, 처음에 나왔던 번역물들은 모두 부정확했고, 텍스트에 충실하지도 않았다. 독일어와 네덜란드어 번역물들은 두 번째 시도부터 좋아지기 시작했다. 물론 독일 출판사는 여전히 많은 오류들을 인쇄 과정에서 수정하는 것을 게을리하고 있다. 영어와 스페인어로 내가 썼던 내용을 파악하려면 세 번째 번역물까지 기다려야 했다. 그렇지만 최악의 것은 데 도나토(De Donato) 출판사가 1968년부터 출판한 번

---

1. 『스펙타클의 사회』는 공식적으로 1967년에 출간된다. 그렇지만 이 책의 대부분의 내용은 1963년에서 1964년에 쓰여졌으며 일부분은 상황주의자 인터내셔널(Internationale Situationniste)의 잡지를 통해 발표된다. 이 잡지는 1958년에서 1969년까지 총 12호가 간행되며, 이 잡지의 전체를 하나로 묶어, 『상황주의자 인터내셔널』이라는 이름으로 Van Gennep 출판사에서 1970년에 재간행된다.

역물이었다. 이 번역물은 잇따라 나온 경쟁 관계에 있는 두 번역물에 의해서도 부분적으로만 정정됐을 뿐이었다. 그래서 파올로 살바도리(Paolo Salvadori)는 그때 두 출판사의 사무실로 찾아가 오역의 책임자들을 후려쳤고, 진짜로 그들의 얼굴에 침을 뱉어 버렸다. 그렇게 하는 것이 좋은 번역자가 불량한 번역자를 만났을 때 취할 수 있는 자연스런 행동 방식이다. 살바도리가 네 번째 이탈리어 번역본을 마침내 완성했다. 그것의 탁월함을 말할 필요가 있을까.

내가 검토를 했던 수많은 번역물들은 네다섯 권의 우수한 책을 제외하면 극심한 결함을 안고 있다. 이러한 결함은 실제로 쓰여질 이유가 전혀 없었던 다른 어떤 책들에 비해 내 책을 이해하는 데 특별히 어려움이 따른다는 것을 뜻하지 않는다. 이러한 취급은 반체제적인 작품들에만 특별하게 한정된 것이 아니다. 그렇다고 한다면 왜곡자들은 적어도 저자에 의해 법정에 고발되는 것을 걱정할 필요가 없을 것이다. 또한 텍스트에 첨가된 어리석은 오류는 내 책을 반박하고자 하는 의향을 가질 부르주아적·관료주의적 이념가들에게 조금이나마 유리하게 작용할 것이다. 우리는 어떤 국가를 막론하고 최근 몇 년 동안 간행된 고전 작품들을 포함한 대부분의 번역물들이 동일한 방식으로 편집되고 있음을 알 수 있다. 임금을 받는 지적(知的) 노동은 보통의 경우 타락한 산업 생산의 법칙을 좇아간다. 여기에서 기업가의 수익은 신속한 집행과 질 나쁜 재료의 사용에 달려 있다. 이 생산 방법은 자본을 집중시킬 수 있어서 결과적으로 언제나 기술적으로 더 나은 시설을 갖출 수 있게 된다. 그것은 실과 관계없는 공급을 통해 시장의 전 영역을 독점하게 된 이래로 겉으로는 대중의 취향에 영합하지 않음을 자랑으로 삼는다. 이 생산 방법은 걷잡을 수 없는 파렴치함으로 수요의 강제적 굴복과 취향의 상실에 편승한다. 대다수 고객들의 취향 상실은 이러한 생산 방법의 일시적인 결과이다. 주택 문제나 사육 소고기 문제,[2] 또는 번역가의 무지한 정신의 결과물 등에 관계없이 가장 중요하게 고려해야 할 것은 사람들이 과거에는 장시간의 숙련된 노동이 요구됐던 것을 이제는 최소한의 비용으로 아주 빠르게 얻을 수 있게 된다는 사실이다. 게다가 번역가들이 어떤 책의 의미를 이해하기 위해 — 특히 과거에는 문제의 언어를 배우기 위해 — 애쓸 이유도 거의 사라진 것이 사실이다. 오늘날의 작가들은 아주 짧은 시간 내에 구식이 될 책들을 아주 성급하게 저술한다. 쓰는 것이 무용했던 것을, 독자가 찾지 않을 것을 잘 번역할 필요가 있는가? 스펙타클적 체계는 바로 그것 특유의 이러한 조화의 측면에서는 완벽하다. 이 체계는 다른 측면들에 의해 몰락하고 있다.

---

2. 음식물, 특히 식용 고기에 관한 문제는 잡지 『유해 백과사전』의 제5권 (1985)에 실린 드보르의 「아바-팽(Abat-faim)」(회식자들의 허기를 달래기 위해 우선 제공되는 음식물)을 참조할 것.

그러나 대부분의 출판사의 이러한 관행은 『스펙타클의 사회』의 경우에는 부적합하다. 이 책은 또 다른 용도를 위한, 성격이 다른 대중의 관심을 불러일으키고 있다. 예전보다 훨씬 더 단호한 방식으로 쓰여진 여러 종류의 책들이 존재한다. 다수의 책들은 아예 개봉도 되지 않은 채 그대로 있고, 사람들이 벽에 구호로 베껴 쓰는 구절들을 지닌 책들은 거의 없다. 낙서할 수 있는 벽은 바로 서적들의 인기와 확신의 역량을 견인한다. 그것은 경멸의 대상인 스펙타클 기관들이 이 서적들을 언급하지 않거나 또는 그것들을 다른 것에 덧붙여 미미하게만 전달하는 데서 비롯된다. 역사적 힘과 이 힘의 활용에 대한 어떤 서술에 입각하여 목숨을 걸어야 하는 개인들은 당연히 한 치의 오차도 없는 정확한 번역물들에 대한 자료들을 그들 자신이 직접 검토하고자 한다. 서적들이 과잉 생산되고 있고, 그 유통이 몇몇 출판사들에 극단적으로 집중돼 있다. 의심할 여지 없이 이러한 조건 속에서 거의 대부분의 서적들은 출간된 지 겨우 몇 주 안에 성공이나 실패 ─ 대부분의 경우 ─ 가 판명된다. 이 문제와 관련하여 오늘날 선별되지 않은 서적들의 출간이 성급한 독단과 기정사실에 입각한 출판사의 전략을 정당화하고 있다. 단 한 번만 언급될 ─ 그것도 아무렇게나 ─ 서적들에는 이러한 전략이 꽤 적합할 것이다. 내 책에는 이러한 특권이 결핍되어 있을 것이다. 내 책을 서둘러 번역하는 것은 실로 무익한 일이다. 그렇다고 한다면 다른 누군가가 번역을 또다시 시작해야 하므로⋯.

불량한 번역은 계속해서 더 나은 것으로 대체될 수밖에 없다.

어떤 프랑스 기자[3]가 이념의 토론에 새바람을 불어넣을 목적으로 꽤 분량이 나가는 책을 최근에 출간했는데, 몇 달 후 그는 자기 책 속의 새로운 견해의 부재가 아니라 오히려 독자들의 관심의 부재 때문에 자신의 시도가 실패로 돌아갔다고 설명했다. 따라서 우리는 책을 멀리하는 사회에서 살고 있는 셈이다. 이 기자에 의하면, 마르크스가 이 시기에 『자본』을 발표한다고 해도, 그가 TV의 문학 프로그램에 출현해 책을 쓴 이유를 설명한 다음 날부터 어느 누구도 이 책을 더 이상 언급하지 않게 된다. 이러한 괴상한 오류는 이 기자가 속한 환경과 무관하지 않다. 어떤 사람이 이 시기에 진정한 사회 비판서를 출간한다고 하면, 그는 TV에 출현하는 것이나 또는 같은 유(類)의 학술회의에 참가하는 것을 틀림없이 삼갈 것이다. 그 결과, 십 년이나 이십 년 후에도 사람들은 그 책에 대해 논할 것이다.

사실인즉, 나는 기존 사회질서의 적대자들 ─ 이들은 이 상황에 입각하여 실제로 행동한다 ─ 을 제외하고 내 책에

---

3. 1970년대에 "새로운 우익(Nouvelle Droite)" 운동을 이끌면서 정치, 철학, 문화 등 다양한 분야에서 저술 활동을 한 언론인 알랭 드 브누아(Alain de Benoist)를 지칭한다.

관심을 보일 사람들이 세상에 존재한다고 확신하지 않는다. 그 점에 대해서 나의 확신은 이론적인 근거에 입각한 것이며, 그리고 그것은 내 책에 대한 희귀하고 빈곤한 비판과 암시를 통한 경험적인 관찰에 의해 견고해졌다. 내 책이 야기한 이러한 비판은 침묵하고 있는 대중 앞에서 스펙타클을 통해 공식적으로 말하는 권한을 보유한 사람들이나 또는 그러한 권한을 갖고자 여전히 노력하고 있는 사람들에 의해 이뤄진 것이다. 사람들이 여전히 그릇되게 문화적 또는 정치적이라고 명명하는 허울뿐인 토론에 참여하는 여러 전문가들은 당연히 그들 자신의 논리와 소양을 자신들을 고용할 수 있는 체계의 논리와 문화에 맞추어 적응시킨다. 이 전문가들은 이 체계에 의해 선별됐을 뿐만 아니라, 특히 이 체계를 제외하고는 그 어떤 것에 의해 가르침을 받아 본 적이 없다. 나는 이 책의 중요성을 인정하면서 이 책을 인용하는 사람들 가운데 지금까지 어쨌든 간략하게라도 그것[이 책]의 어떤 점이 중요한 것인지 설명하는 위험을 무릅쓰는 사람을 단 한 명도 본 적이 없다. 사실 그들에게는 그들 자신이 이 책을 알고 있다는 인상을 주는 것이 중요하다. 동시에 이 책에 하나의 결점이 있다고 생각하는 사람들은 다른 결점들을 찾지는 못한 듯하다. 그들은 그것들에 대해 함구하고 있으니까…. 매번 특정한 결점 하나면 그것을 발견한 사람에게는 충분한 것이다. 어떤 이는 이 책이 국가의 문제를 다루지 않고 있다고 말한다. 다른 이는 이 책이 역사의 존재에 전혀 중요성을 부여하지 않는다고 말한다. 또 다른 사람은 이 책이 순수한 파괴를 위한 비이성적이고 소통 불가능한 찬사일 뿐이라고 그것을 냉대한다. 또 어떤 사람은 이 책의 발간 이후에 구성된 모든 정권들이 이 책을 비밀 지침서로서 삼고 있다고 생각하면서 이 책에 유죄 선고를 내린다. 다른 오십 명도 똑같이 이성의 정지 상태 속에서[4] 각인각색의 기이한 결론들을 곧바로 내리고 있다. 이들은 정기간행물들, 서적들, 특별 소책자들 등에 이러한 견해들을 밝히고 있지만, 누구도 설득력 있는 논거를 제시하지 못한 채 모두가 일관되게 변덕스런 무능의 어조로 그들 자신의 견해를 진술하고 있다. 반대로 내가 아는 한 이 책은 현재까지 가장 좋은 독자들을 이탈리아 내의 공장들에서 만난다. 이탈리아의 노동자들은 무단결근, 어떠한 특별한 양보도 약화시키지 못하는 우발적 파업, 통찰력 있는 노동 거부, 법과 국가 관리 하의 정당들에 대한 멸시 등에 있어 다른 국가들의 동료들에게 하나의 모델이 될 수 있다. 이탈리아의 노동자들은 비록 열악한 번역본을 읽을 수밖에 없지만, 『스펙타클의 사회』의 테제들을 실천에 옮길 정도로 이 책의 주제를 곧잘 알고 있다.

대개의 경우 해설자들은 이 책이 어떤 용도를 위한 것인지 모르는 척한다. 이 책은 여전히 지배적인 사회가 참작하고자

---

[4]. 1779년 프란시스코 고야의 작품 〈잠든 이성이 괴물을 만들어 낸다(El sueño de la razón produce monstruos)〉를 암시.

하는 지적 생산물들의 어떤 범주로도 분류할 수 없으며, 이 사회가 격려하는 전문 분야들에서 벗어난 관점에 입각하여 쓰여졌다. 그래서 저자의 의도가 모호한 것처럼 보인다. 그러나 거기에 납득하기 힘든 것이 전혀 없다. 클라우제비츠는 『1815년의 프랑스 전쟁 종군기』에서 다음과 같이 적고 있다.

"모든 전략적인 비판에서 본질적인 것은 정확하게 행위자들의 관점에 서야 한다는 것이다. 그것은 대체로 매우 어려운 일이다. 만일 작가가 행위자들이 처해 있는 사태 속에 자신의 생각을 기입하고자 하거나 또는 기입할 수 있다고 생각한다면, 다수의 전략적인 비판은 완전히 사라지거나 또는 이해와는 먼 아주 피상적인 파악으로 귀착되고 말 것이다."

1967년 나는 상황주의자 인터내셔널에 하나의 이론서가 있어야 한다고 생각했다. 그 무렵의 상황주의자 인터내셔널은 혁명적인 비판을 현대사회 속으로 되돌려 놓기 위해 열의를 갖고 노력하고 있던 급진적인 단체였다. 이 단체는 그때 이미 이론적 비판의 현장에서 승리를 구가했고, 실천적인 선동의 현장에서 능숙하게 승리를 추구하면서 역사적 활동의 정점에 근접하고 있었다. 그러므로 오래지 않아 발생할 소요에 대비해 그러한 책의 존재가 필요했다. 이 소요는 자신이 실패하지 않고 작동시킬 이후의 거대한 체제 전복적인 후속 행동들에 이 책을 전수할 것이다.

주지하듯이, 사람들은 과거의 혁명 이론의 도식화된 단편들을 반복하려는 깊은 성향을 가지고 있다. 그들은 그들 자신이 진정으로 직면하고 있는 조건들을 변혁하기 위해 이 혁명 이론을 실제 투쟁에 적용하려고 시도하지 않는다. 그렇기 때문에 이 혁명 이론의 마모된 측면이 그들에게 은닉된다. 그 결과, 그들은 어떻게 이 혁명 이론이, 여러 우연적인 요소들과 함께, 과거의 투쟁들 속에서 활용될 수 있었는지 전혀 이해하지 못하게 된다. 그럼에도 불구하고 이 문제를 냉정하게 검토하는 사람에게는, 기존의 사회를 진정으로 위태롭게 하려는 사람들은 이 사회를 근본적으로 설명하거나 또는 최소한 이 사회에 대해 만족스런 설명을 제공하는 모양새를 갖춘 하나의 혁명 이론[5]을 정립해야 한다는 것이 확실하다. 그리고 공공의 안정을 교란시키는 대결 속에서 이 혁명 이론의 일부가 공표될 것이다. 이 혁명 이론이 노출되자마자, 그것이 정확하게 이해되기도 전에, 기존의 질서를 규탄하는 혁명 이론이 존재한다는 막연한 인식 하나에 의해 모든 부분에서 잠재하고 있었던 불만들이 악화되고 요동치게 될 것이다. 연

---

[5]. 드보르가 파올로 살바도리(Paolo Salvadori)에게 보낸 1979년 2월 7일의 서신 참조. "(…) 프롤레타리아의 저항을 자극할 정도로 충분히 진짜의 모습을 지닌 하나의 이론 — 비록 그것이 거짓 이론이라 할지라도 — 은 이미 좋은 착상일 것이다. 바로 그런 의미에서 우리는 체제 전복에 페르니올라(Perniola)가 아니라, 바네겜(Vaneigem)처럼 혁명가와 같은 '모습을 지닌' 사람을 언제라도 활용할 수 있다고 말할 수 있다."

이어 분노와 함께 자유의 전쟁[6]을 이끌기 시작하는 모든 프롤레타리아들은 전략가가 될 것이다.

물론 이러한 목적을 고려한 보편적인 이론은 무엇보다도 눈에 띄게 거짓된 이론인 것처럼 보이는 것을 피해야 한다. 그러므로 이 이론은 사실들에 의해 반박될 수 있는 위험에 노출되지 않아야 한다. 그러나 이 이론은 또한 전적으로 용인될 수 없는 이론이어야 한다. 이 이론은 기존 세계의 정확한 본성을 폭로하면서, 이 세계를 바람직한 것으로 생각하는 사람들이 깜짝 놀라 분개하도록, 이 세계의 핵심 자체가 해로운 것임을 천명해야 한다. 스펙타클의 이론은 이 두 가지 요구 사항에 부합한다.

정확한 비판 이론의 첫 번째 공로는 순식간에 여타의 이론들을 우스꽝스럽게 만든다는 점이다. 이처럼 1968년 당시의 지배 형태들의 쇠퇴를 이끌고자 부정의 운동을 주도했던 다른 조직 분파들은 뒤떨어진 이론으로 장기적 안목이 결여된 관점을 주장했다. 어떠한 분파도 현대적인 이론서를 가지고 있지 않았고, 심지어는 그들이 전복하고자 했던 계급의 권력

---

6. 드보르가 파올로 살바도리에게 보낸, 생쥐스트(Saint-Just)의 문장을 환기시키는 1979년 1월 7일의 서신 참조. "분노와 함께 자유를 위한 전쟁을 치러야 한다. 분노는 폭력 사태(raggia)가 아니다. 분노는 조금 덜 폭력적이며 보다 더 정당화된다."

에 관한 새로운 이론을 전혀 인정하지 않았다. 상황주의자들은 1968년 5월의 위험한 저항에 관한 유일한 이론, 누구도 언급하지 않았던 명백한 불만 사항들을 해명하는 유일한 이론을 내세울 수 있었다. 누가 합의를 한탄하는가? 우리는 그것을 살해했다. 행해진 것은 행해진 것이다(Cosa fatta capo ha).[7]

15년 전인 1952년 호감과는 거리가 먼 네다섯 명의 사람이 예술의 지양을 위한 탐구를 시작했다. 이 도정을 위한 과감한 행진이 낳은 만족스런 결과에 의해, 이전의 사회적 혁명의 공격 노선을 무력화시켰던 해묵은 방어 노선이 한계를 보이면서 전복됐다. 우리는 그것을 새로운 노선을 내세울 계기로 삼았다. 예술의 지양은 자기 파괴적인 현대 시에 입각하여 한 세기 이상 동안이나 그토록 찾아 헤맸던 진정한 삶의 지리 속의 "북서쪽의 체류"이다. 그토록 많은 탐험가들이 길을 잃었던 이전의 시도들이 이러한 관점으로 직접 발전된 적은 결코 없었다. 그것은 어쩌면 해묵은 예술 왕국에 여전히 유린해야 할 무엇이 이 탐험가들에게 남아 있었기 때문인지 모르고, 특히 이전에는 다른 사람들, 혁명의 깃발이 전문가들의 손에 들려 있는 것처럼 보였기 때문인지 모른다. 이

---

[7]. '복수(Vendetta)는 최후까지 수행돼야 한다'는 것을 뜻하는 이 문장은 12세기 말에 태어나 1243년에 죽은 이탈리아 피렌체의 정치인이자 용병 대장으로 알려진 모스카 데이 람베르티(Mosca dei Lamberti)가 천명한 것으로 알려져 있다.

러한 대의가 이처럼 철저하게 궤멸된 적은 결코 없었다. 우리가 거기에 합류한 시기에는 텅 빈 전장(戰場)만이 남아 있었다. 나는 이러한 사정의 환기가 『스펙타클의 사회』의 이념들과 문체에 대해 제시할 수 있는 최상의 설명이라고 믿는다. 그리고 책의 내용에 관해 말하자면, 독자들이 진정으로 이 책을 읽는다면, 국가의 몰락을 성찰하기 위해 내가 보냈던 15년을 상상할 수 있을 것이다. 나는 15년을 잠이나 자며 보내지 않았으며, 이 시간들을 속이지도 않았다.[8]

 이 책에는 정정해야 할 단 하나의 낱말도 없다. 프랑스에서 출간 후 12번쯤 재인쇄를 하는 동안 인쇄상의 서너 개의 오류를 제외하고 그 어떤 것도 정정되지 않았다. 나는 현시대의 아주 드문 귀감, 이를테면 결과에 의해 곧바로 허위라고 반박당하는 책을 쓰지 않는 사람임을 자신한다. 말하자면 내가 쓴 것에 대해 다른 사람들처럼 백 번이나 천 번이 아니라, 단 한 번도 반박당해 본 적이 없다. 나는 이 책의 모든 테제들의 입증이 금세기의 말까지, 어쩌면 그 이상까지도 계속되리라는 것을 의심하지 않는다. 그 이유는 간단하다. 나는 "운동의 흐름 속에서, 따라서 이 운동의 덧없는 양상을

---

[8]. 이 문장은 마키아벨리의 서신을 전용한 것이다(1513년 12월 10일 마키아벨리가 프란체스코 베토리Francesco Vettori에게 보낸 서신). "사람들이 이 작품(『군주론』)을 읽는다면 그들은 내가 잠도 자지 않고 놀러 다니지도 않으면서 15년 동안 치국술(治國術)을 연구했음을 알게 될 것이다."

통해"⁹ 스펙타클을 구성하는 요인들을 파악했다. 다시 말해, 나는 이 질서를 구축할 수 있었던, 그리고 지금은 이 질서를 해체하기 시작하는 역사적 운동의 총체를 검토했다. 이 단계에서 1967년 이후 지난 11년 — 나는 이 기간 동안 분쟁을 아주 가까이에서 목도했다 — 은 책에 진술된 것을 필연적으로 실현하는 시간이었을 뿐이다. 물론 이 기간 동안 스펙타클 속에 예닐곱 사상가들 — 어떤 사상가는 다른 사상가보다 더 영향력을 행사하는 — 이 나타나고 계승된 일이 있기는 했다.¹⁰ 이 시기 동안 스펙타클은 더 충실하게 본래의 개념에 합류했으며, 스펙타클의 부정의 실질적인 운동은 내포적·외연적으로 널리 퍼졌다.

사실, 내 생각으로는 이 책에 필요하지 않았던 무엇인가 — 더 무겁고, 더 설득력 있는 증거들과 사례들 — 를 덧붙이는 것은 스펙타클적인 사회의 일이었다. 마치 끈적끈적한 안개가 일상생활을 영위하는 지면에 쌓이는 것처럼, 우리는 왜곡이 무성해지고 가장 저속한 것들의 제조까지 침투하는 것을 관찰할 수 있었다. 우리는 인간과 자연력에 대한 기술적·치안적 통제를 절대적으로, "[통신과 컴퓨터에 의한] 정보처리의" 광기¹¹에 이를 정도로 주장하는 것을 관찰할 수 있었

---

9. 마르크스의 『자본』 독일어 제2판의 「서문」 참조.
10. 알튀세르, 푸코, 데리다, 레비나스, 라캉, 들뢰즈, 보드리야르 등을 지칭하는 듯하다.

다. 하지만 통제의 오류는 바로 수단들만큼이나 빠르게 증대된다. 우리는 국가의 거짓말이 그것 자체에서(en soi) 그리고 자기에 대해서(pour soi) 발전하는 것을 관찰할 수 있었다. 국가의 거짓말은 진리와 신빙성과의 갈등적인 관계를 망각하며, 그 결과 이 거짓말은 자신을 잊을 수 있으며, 시시각각 다른 것으로 대체된다. 이탈리아는 최근에 알도 모로(Aldo Moro)[12]의 납치 살해와 관련하여 이제껏 도달한 것 중에서 가장 높은 지점에 이른 이 기술을 숙고할 기회가 있었다. 조만간 여기든 다른 곳에서든 이 기술을 능가하는 새로운 기술이 출현할 것이다. 이탈리아 당국의 설명은 단 한순간도 믿을 것이 못 됐다. 이리저리 둘러대는 설명은 개선되기는커녕 오히려 악화되었고, 모든 해설자들은 대중에게 그것을 인정하도록 강요했다. 이 설명의 의도는 사람들의 믿음이 아니라 사람들이 곧 잊어버릴 진열창의 시시한 책처럼 유일한 전시물이 되는 것이다.

알도 모로의 납치와 살해는 거대한 무대장치가 동원된 신

---

[11]. 드보르가 파올로 살바도리에게 보낸 1979년 2월 7일의 서신 참조. "정보 처리는 절대적인 정보사회의 최후의 이념이다. 그것은 지난해부터 프랑스의 공식적인 교리가 되었다(…)."
[12]. 알도 모로(Aldo Moro, 1916-1978)는 로마 대학교 법학과 교수 출신의 이탈리아 정치인이다. 그는 기독교민주당 당수 및 총리를 역임했으며, 1978년 3월 16일 테러 조직인 "붉은 여단"에게 납치된 지 54일째 되는 5월 9일에 시체로 발견된 것으로 알려져 있다.

화적인 오페라였다. 이 오페라에서는 테러리스트 주인공들이 변신을 거듭한다. 테러리스트들은 그들 자신이 덫을 놓아 먹이를 잡는 여우들로, 그들 자신이 적을 감시하고 있는 한 누구도 전혀 두려워하지 않는 사자들로, 그들 자신이 도전하는 척하는 체제의 공격에서 최소한의 피해도 주지 않으려는 양들로 탈바꿈한다. 사람들은 "붉은 여단"이 운 좋게도 가장 무능한 경찰들과 마주했으며, 게다가 어려움 없이 경찰 조직의 고위 부서에 침투할 수 있었다고 설명한다. 이 설명은 거의 변증법적이지 않다. [하나의] 불온 조직은 마땅히 국가의 정보기관과 접촉할 수 있는 몇몇 보안 요원들이나, 그렇지 않다면 몇 년 전에 이미 그곳에 잠입시켜 활동을 개시할 수 있는 좋은 기회가 올 때까지 합법적으로 업무에 임하고 있는 요원들을 보유하고 있을 것이다. 그리고 불온 조직은 자신의 막후조종자들이 때로는 조종될 수 있다는 것도 예상하면서, 결과적으로 "붉은 여단"의 수장을 특징짓는 올림포스 신과 같은 면책의 보장을 박탈당할 수도 있음을 가정했을 것이다. 그러나 이탈리아 정부는 모든 사람이 만장일치로 지지하는 더 나은 설명을 내놓는다. 이 정부는 다른 정부와 마찬가지로 비밀경찰 요원들을 테러리스트 지하 조직망에 침투시키는 것을 고려했다는 것이다. 침투한 요원들은, 러시아 제국의 비밀경찰(Okhrana)의 지시로 말리놉스키(Malinovsky)[13]

---

13. 말리놉스키(Rodion Yakovlevich Malinovsky, 1898-1967)는 군인 · 정치가 · 육군 원수를 역임한 구소련의 인물이다. 그는 독소 전쟁 때 우크라이나 방

가 그랬던 것처럼, 우선 상급자들의 제거를 통해 지도부에까지 활동 무대를 손쉽게 확보할 것이다. 노련한 레닌까지도 속였던 말리놉스키는 혁명사회당의 "전투 조직"의 수장 자리에 오르자 수상인 스톨리핀(Stolypine)을 손수 암살할 정도로 자신의 조직을 장악했다. 하나의 불운한 우연이 국가의 열의를 가로막았다. 비밀 정보 부서들, 예를 들면 연안 바다에서 초대형 유조선의 화물 적재를 감시하는 부서나 세베소(Seveso)의 현대적 산업 생산물의 일부를 담당하는 부서가 막 해체된 것이다. 비밀 정보 부서는 지금까지 해체된 적이 없었다. 사실, 비밀 정보 부서는 자신의 자료들, 정보국원들, 밀고자들을 간직하면서 단지 자신의 이름만 바꾸었다. 이처럼 이탈리아 파시스트 체제의 SIM("군사정보국")이 민주기독당 체제 하에서는 사보타주와 외국에서의 암살로 악명이 높았던 SID("방위정보국")로 변화했다. 게다가 정보 요원들은 컴퓨터에 "붉은 여단"에 관한 일종의 독트린-몽타주 파일을 입력했는데, 이 파일은 국가의 종말을 지지하는 사람들이 생각하며 행하고 있을 것으로 간주되는 것에 대한 침울한 풍자화였다. 컴퓨터에 입력된 낱말의 오류 — 이 기계들이 자신들에게 정보를 입력하는 사람들의 무의식에 의존하는 것은 사실이다 — 가 "붉은 여단" 파일로 하여금 뭔가를 자동으로 반복하게 했다. 그것은 SIM("군사정보국")의 약호와 동

면 사령관 등을 지냈으며 극동군사령관·국방차관을 거쳐 1957년에 국방장관을 지냈다.

일한 SIM(이번에는 "다국적기업의 국제 협회"의 약호)이 유일하게 조작된 개념임을 알리고 있었다. "이탈리아인들의 피로 젖어 있는" SID는 근자에 해체될 수밖에 없었다. 이탈리아 당국이 나중에 그 사실을 고백한 것처럼, 이 SID는 폭탄만을 사용한 것은 아니지만 오랫동안 지속된 대다수의 대량학살을 직접 주도했었다. 당국은 이 테러들을 시기에 따라 무정부주의자들, 네오파시스트들이나 상황주의자들의 소행으로 규정했다. "붉은 여단"이 완전히 동일한 작업을 행한 지금 — 이번만은 적어도 작전의 가치 측면에서 아주 진화된 —, SID는 당연히 "붉은 여단"을 공격할 수 없다. 그것이 해체됐기 때문이다. 그 호칭에 걸맞은 비밀 정보기관은 해체된 사실을 비밀로 유지한다. 따라서 사람들은 얼마나 많은 병력들이 명예로운 퇴각을 했는지, "붉은 여단"에 할당된 요원들의 규모는 어느 정도인지, 또는 아바단(Abadan) 영화관의 방화를 위해 어쩌면 이란의 통치자에게 제공됐을 요원들의 수치를 파악할 수 없다. 그리고 또한 국가가 은밀하게 처단했던 요원들의 규모도 알 수 없다. 국가는 아마도 요원들의 월권행위를 발견하고 격분했을 것이다. 주지하듯이, 국가는 법의 준수를 위해서라면 브루투스의 아들들을 살해하는 것도[14] 전

---

[14]. 마키아벨리에 대한 암시(1979년 2월 7일 살바도리에게 보낸 드보르의 서신). 드보르는 이 서신에서 "전제군주제를 창설하면서 브루투스를 살해하지 않는 통치자나, 또는 공화제를 창설하면서 브루투스와 그의 아들들을 살해하지 않는 통치자는 오랫동안 지배하지 못할 것이다"라고 진술하고 있다.

혀 주저하지 않는다. 국가는 모로의 구출을 위해 극히 소소한 양보조차 고려하지 않는 완강한 태도를 보여 주었다. 국가는 자신이 로마 공화정의 흔들리지 않는 모든 덕목을 가지고 있었음을 마침내 증명했다.

조르조 보카(Giorgio Bocca)는 이탈리아 언론계에서 최고의 분석가로 지목된다. 그는 1975년 켄소르(Censor)의 「사실 보고서」[15]에 가장 먼저 속아 넘어가 이탈리아 전역을, 또는 적어도 신문에 글을 쓰는 전문 종사자들을 자신의 오류 속으로 이끌었다. 그는 자신의 어리석음이 시의 적절하지 않게 입증됐음에도 불구하고 자신의 직업에 낙담하지 않았다. 그리고 그것이 당시에 과학적인 방법에 의해 증명됐다는 것이 어쩌면 그에게 하나의 행운인지 모른다. 그렇지 않았다면 그가 1978년 5월 『모로 — 이탈리아의 비극』을 출간했을 때, 사람들은 그가 매수나 두려움 때문에 이 책을 썼을 것이라고 전적으로 확신했을 것이다. 그는 이 책에서 세간에 유포된 기만적인 속임수들을 하나도 빠트리지 않고 서둘러서 삼키고는 즉석에서 그것들을 흠잡을 수 없는 사실로 규정하고 다시 토해 낸다. 그는 다음의 것을 진술할 때, 단 한 번 — 물

---

15. 이 보고서의 원제는 「이탈리아 자본주의의 구제를 위한 최후의 기회에 관한 사실 보고서(Véridique rapport sur les dernières chances de sauver le capitalisme en Italie)」이며, 켄소르(Censor)의 실제 이름은 잔프랑코 산귀네티(Gianfranco Sanguinetti)이다. 드보르는 이 보고서를 1975년 프랑스어로 번역해서 출간한다.

론 반대 방향으로 — 문제의 핵심을 짚고 있다.

"오늘날 사태의 양상이 달라졌다. 소수의 과격 노동자들은 그들 자신이 지지하는 붉은 테러로써 노조의 정책에 반대하거나 또는 반대를 시도하고 있다. 아레세(Arese)의 알파 로메오 공장의 노동자 집회에 참석했던 어떤 사람은 백여 명 남짓의 노동자들로 구성된 과격파 단체가 최선두에 위치하여 공산당이 감내해야 하는 비방과 욕설을 퍼붓는 것을 목격할 수 있었다."

많은 혁명 노동자들이 스탈린주의자들을 모든 동료 노동자들의 지지 속에 모욕하는 것은 전혀 이상하지 않다. 그들은 어쨌든 혁명을 일으키고자 한다. 그들은 스탈린주의자들의 축출이 선결되어야 할 일임을 경험으로부터 체득해서 알고 있다. 바로 그것을 실행하지 못했기 때문에 1968년의 프랑스와 1975년의 포르투갈은 실패를 맛볼 수밖에 없었다. 당치도 않고 가증스러운 것은 이 "소수의 과격 노동자들"도 필연적으로 그러한 단계에 이를 것이라고 주장하는 것이다. "그들의 배후에" 테러리스트들이 있다는 것이다. 이는 사실이 아니다. 대다수의 이탈리아 노동자들은 스탈린주의 노조의 조직 환경으로부터 벗어나 있다. 그리고 지배층이 활동을 개시하게 한 "붉은 여단"의 부조리하고 맹목적인 폭력은 오직 노동자들을 곤란한 입장에 처하게 할 뿐이다. 대중매체는 기회를 놓치지 않고 "붉은 여단" 내부에서 의심의 여지가 없는 노동자의 전진 파견대와 불온한 지도자들을 식별한다. 보카는 스탈린주의자들은 모욕을 감내할 수밖에 없다고 암시한다. 스탈린주의자들은 60년 전부터 도처에서 아주 다분히 비난받아 마땅하다는 것이다. 그렇지 않으면 독립적인 노동계급이 비축할 테러리스들에 의해 물리적인 위협 아래 놓이게 된다는 것이다. 이것은 유달리 추한 보카다운 우스꽝스러움[16]에 불과하다. 왜냐하면 이 날까지 ― 그리고 이 날을 한참 넘어서도 ― "붉은 여단"이 스탈린주의자들을 개인적 자격으로 공격하는 것을 경계해 왔다는 것을 모르는 사람이 없기 때문이다. "붉은 여단"은 그러한 외양을 보여 주려고 했지만, 그들은 무턱대고 활동 시기나 또는 자신들의 변덕에 따라 희생자를 결정하지 않았다. 이러한 환경에서는 양어장처럼 일정한 감시 하에 일시적으로 용인된 작은 테러의 외곽층위가 필연적으로 확대되기 마련이다. 지배층은 언제든지 주문에 의해 양어장에서 몇몇 범죄자를 낚아 내어 쟁반에 진열할 수 있다. 그러나 중요한 (무력) 개입을 위한 "기동 타격대"는 오직 전문가들로만 구성돼 왔으며, 그것은 그들이 채택한 방식의 세세한 부분에서 확인된다.

이탈리아의 자본주의와 이 자본주의를 통해 통치하는 인

---

16. '보카다운 우스꽝스러움(Boccasserie)'은 일종의 언어유희로서 조르조 보카(Giorgio Bocca)의 Bocca와 프랑스어 cocasserie(우스꽝스러움)의 합성어인 듯하다.

사들은 아주 중대하고 매우 불확실한 문제를 놓고 몹시 분열돼 있다. 그것은 스탈린주의자들의 이용에 관한 것이다. 거대한 개인 자본이 투자된 몇몇 현대적 산업 분야는 그것에 찬성했고, 지금도 그러하며, 반(半)국영 기업들의 자본을 관리하는 많은 경영자들이 지지하는 다른 산업 분야는 그것에 아주 적대적이다. 배가 침몰하고 있을 때 선장의 결정이 선주의 그것에 우선하는 것처럼, 많은 재량권이 국가의 고위 관리들에게 주어진다. 그러나 이들도 이 문제에 대해 분열돼 있다. 각 파벌의 미래는 그들 자신의 판단을 강요하는 방식, 실천을 통해 그 판단이 옳았음을 입증하는 것에 달려 있다. 모로는 "역사적 타협," 즉 혁명 노동자의 운동을 결국 무력화시키고 마는 스탈린주의자들의 능력을 확신했다. 현재 "붉은 여단"을 통제하고 있는 감시관들을 지휘하고 있는 다른 파벌은 그것을 확신하지 못했다. 이 파벌은 스탈린주의자들이 미미하더라도 어쨌든 그들 자신에게 도움이 된다고 생각하지만, 그렇다고 그들[스탈린주의자들]을 지나치게 배려할 필요는 없다고 평가했다. 그래서 이 파벌은 스탈린주의자들에게 가차 없이 몽둥이를 휘둘러서 그들이 오만불손해지는 것을 막아야 한다고 생각했다. 이러한 분석은 근거가 없는 것이 아니었다. 왜냐하면 모로가 의회의 법령으로 인증된 "역사적 타협" 시대의 막을 연 치욕의 표시로 납치당했음에도 불구하고, 스탈린주의 당은 "붉은 여단"의 독자성을 계속해서 믿는 척했기 때문이다. 납치범들은 포로[모로]가 그의 동료들에게 오랫동안 굴욕과 당혹감을 안겨 줄 수 있다고 생각했고, 그 기간만큼 그의 생명을 유지시켰다. 그의 동료들은 신원 미상의 무뢰한들이 그들 자신에게 무엇을 원하는지 의연하게 모르는 척하면서 그들의 협박에 시달려야 했다. 그러나 스탈린주의자들이 공개적으로 비밀 작전을 넌지시 말하면서 위협한 순간, 곧바로 모든 것의 막이 내렸다. 모로는 환멸 속에서 죽었다. 사실, "붉은 여단"에는 보다 공익적인 것에 기여하는 또 다른 기능이 있다. 이 기능은 국가에 대항하여 실제로 궐기하는 프롤레타리아들을 좌절시키거나 또는 그들의 신임을 잃게 만들며, 그들 중 가장 위험한 인물들을 적절한 시간에 제거할 수도 있다. 스탈린주의자들은 이 기능이 자신들의 막대한 과업에 도움을 주기 때문에 그것을 승인했다. 그들은 자신들의 이익이나 권리 따위가 침해당하는 문제에 관해서는 결정적인 순간에 공공연한 우회적인 암시를 통해, 그리고 국가 권력과의 계속되는 긴밀한 회담에서 고함을 지른다거나 정확한 위협을 통해 피해를 최소로 막았다. 그들의 억제 무기[17]는 "붉은 여단"에 대해 알고 있는 모든 것을 그 탄생부터 시작해서 불시에 발설할 수 있다는 것이다. 그러나 그들이 "역사적 타협"을 파기하려는 의도가 없는 한 그러한 무기를 사용할 수 없다는 것을 모두가 알고 있다. 그래서 그들은 이른바 SID, 그 전성기 때의 수훈들과 마

---

17. 여기에서 억제(dissuasion) 무기는 핵무기를 의미한다(1979년 2월 7일 드보르가 살바도리에게 보낸 서신 참조).

찬가지로 이 문제에 대해서 진심으로 함구하고자 했다. 스탈린주의자들은 이 혁명에서 무엇이 될 수 있을까? 그들은 이처럼 혼란에 빠졌지만 완전하게 떠밀리진 않았다. 모로가 납치된 지 10개월 후, 같은 무적의 "붉은 여단"이 처음으로 스탈린주의 노동조합원을 살해했을 때, 소위 공산당은 단지 의전 문제를 제기하면서 즉각 반발했다. 다시 말해, 공산당은 앞으로 자신을 여당 내에서 일탈된 것이 아닌, 확실하게 언제나 여당의 편에 있는 합법적이고 건설적인 하나의 정당으로 인정하라고 동맹 세력들을 위협했다.

절인 청어를 담는 통은 언제나 청어 냄새를 풍긴다. 스탈린주의자는 국가의 은밀한 범죄의 냄새가 풍기는 곳 어디에서든 언제나 자신의 기를 펼 수 있는 처지에 있다.[18] 왜 스탈린주의자들은 칼의 손잡이를 쥔 채 탁자 아래로 폭탄을 설치하면서 이탈리아 고위층과의 회담 분위기를 훼손하는가? 예를 들면, 흐루쇼프와 베리아, 카다르와 나지,[19] 마오와 린

---

[18]. 드보르가 살바도리에게 보낸 1979년 2월 7일의 서신 참조. "사람들은 언제나 자신들의 출신에서 연유한 뭔가를 간직하고 있다. (…) '청어(hareng)'라는 프랑스어는 또한 뚜쟁이나 포주의 의미를 내포하고 있다. 그것은 스탈린주의자에게는 아름다운 이미지의 낱말일 것이다!"

[19]. 카다르(János Kádár, 1912-1989)는 헝가리의 정치인이다. 그는 1932년 공산당에 입당한 뒤 헝가리 사회주의노동자당 제1서기, 국무장관, 총리 등을 역임한다. 나지(Imre Nagy, 1896-1958)는 헝가리의 정치인이자 경제학자이다. 그는 헝가리 인민 정부의 농업장관, 내상, 국회의장 등을 역임한다. 1953년 그는 수상이 되었으나, 사회주의 건설 문제의 갈등으로 인해 수상 지위를 상실한다. 그는 헝가리 혁명(1956. 10. 23) 후 수상에 재추대되었으

뱌오(林彪) 사이의 분쟁도 동일한 방식으로 결판난 것이 아니었던가? 게다가 이탈리아 스탈린주의의 지도자들은 첫 번째 "역사적 타협" 무렵인 그들의 청년기에 자신들도 살생을 일삼았다. 그들은 스페인 민주 공화국을 위해 "코민테른" 소속의 다른 고용인들과 함께 1937년의 반혁명을 주도했다. 그 당시에 그들 고유의 "붉은 여단"이 안드레스 닌[20]을 납치해 그를 비밀 감옥에서 살해했다.

많은 이탈리아인들은 이 음울한 사실을 아주 가까이에서 세세하게 알고 있고, 훨씬 많은 다른 사람들도 지체 없이 그것을 알게 된다. 그러나 이 사실은 어느 곳에서도 출판되지 않았다. 후자는 그렇게 할 수 있는 수단이 없었고, 전자는 그것을 원하지 않았다. 바로 이 분석 단계에서 테러리즘의 "스펙타클적" 정치를 거론할 자격이 우리에게 주어진다. 이는 테러리스트들이 종종 사람들 앞에 나서고 싶은 욕망에 이끌려서 진술한 것을 토대로 많은 기자들이나 교수들의 평범한 통찰력이 저속하게 반복하는 것과 무관하다. 이탈리아는 전

나, 소련군이 침입할 때 유고 대사관으로 피신한다. 이후 루마니아에 이송돼 1958년 카다르의 재판을 받아 처형된다.
20. 안드레스 닌(Andrés Nin Pérez, 1892-1937?)은 스페인의 혁명가였다. 파시즘에 맞섰던 공화 진영의 분열은 그를 희생자로 내몬다. 공화 진영을 이끄는 네그린 총리는 마르크스주의 통일노동당(POUM)과 전국노동연합을 불법화했고, 통일노동당 지도자 안드레스 닌은 수용소로 보내진 뒤 의문의 죽음을 맞는다.

세계의 사회적 모순들을 단적으로 보여 주고 있다. 주지하듯이, 이탈리아는 [지배]계급의 권력 ― 부르주아지와 관료주의적 전체주의 ― 에 의한 압제적인 신성동맹을 단 하나의 국가 속에 혼합시키려 한다. 이 동맹이 전 지구의 모든 표면에서 모든 국가들의 경제적·사법적 연대 속에 이미 공공연하게 기능하고 있다. 물론 그 속에서도 이탈리아식의 몇몇 토론 방법과 난투극이 존재하지 않는 것은 아니다. 현재까지 프롤레타리아 혁명을 향한 점진적인 변화에서 가장 앞서 있는 이탈리아는 또한 반혁명의 현대적 실험실이기도 하다. 스펙타클 이전의 해묵은 부르주아 민주주의에서 비롯된 다른 정권들은 모든 상황이 악화되어 거세게 요동치는 가운데 평정심을 유지하고, 진흙탕 속에 있으면서도 흔들리지 않는 위엄을 보이는 이탈리아 정부를 감탄 속에서 응시하고 있다. 이것은 그들 정권에서도 머지않아 장기간에 걸쳐 적용해야 할 교훈이다.

정권과 이 정권을 보좌하는 많은 하위 기관들은 사실 모든 분야에서 보다 더 겸허해지려는 추세에 있다. 그들은 계속해서 기괴해지고 그들 자신의 통제를 벗어나는 과정을 겁에 질려 줄타기하듯이 관리해야 한다. 그들은 이러한 관리가 관례적인 평탄한 잔무 처리 정도로 보이는 것에 만족한다. 그들과 마찬가지로 시류에 편승해서 스펙타클적 상품은 자신의 기만적인 정당화 형태의 감탄할 만한 전도를 이끌어 낸다. 상품은 비범한 재화로서 제시된다. 상품은 우월한, 틀림없이 엘리트적인 삶의 열쇠로, 그리고 자동차, 신발, 사회학 박사처럼 아주 정상적이고 평범한 것으로 제시된다. 오늘날 스펙타클은 실제로는 완전히 특별하게 된 것들을 정상적이고 친숙한 것으로 제시하도록 강요당한다. 이것은 빵, 포도주, 토마토, 계란, 주택, 도시인가? 대답은 "확실히 아니다"이다. 생산수단을 거머쥔 사람들은 단기간의 이익을 위해 상품들의 이름과 외양의 상당 부분을 유지시킨 채 일련의 내적 변형을 통해 거기에서 맛과 내용물을 제거하고 있다. 그러고는 생산자들은 소비 가능한 여러 재화들이 전통적인 명칭과 명백히 일치한다고 단언한다. 그리고 그들은 그 밖의 것은 아무것도 존재하지 않는다는 사실을 증거로서 제시한다. 따라서 더 이상 비교할 방법이 없다. 아주 소수의 사람들만이 진품들이 아직 존재하는 곳을 알기 때문에, 위품이 대가 끊긴 진품의 이름을 합법적으로 승계할 수 있다. 그리고 음식이나 사람들의 주거 형태를 지배하는 동일한 원리가 서적들이나 스펙타클이 보여 주고자 하는 최근의 민주적 토론까지 확대되고 있다.

위기에 처한 스펙타클적 지배의 본질적인 모순은 이 지배가 자신의 최대 강점, 즉 밋밋한 물질적 욕구의 충족에서 실패했다는 것에 있다. 다른 욕구들의 충족을 희생시켰던 이 물질적 욕구의 충족은 생산자-소비자들로부터 반복된 찬동을 끌어내는 데 충분한 것으로 간주돼 왔다. 스펙타클적 지배는 바로 이러한 물질적 욕구의 충족 환경을 악화시켰으며, 그것을 제공하는 것을 멈췄다. 스펙타클의 사회는 도처에서 강압, 기만, 살육에 의해 시작됐다. 그렇지만 이 사회는 행복한 속편을 약속했다. 이 사회는 사랑받는다고 확신했다. 이 사회는 이제 어떤 것도 약속하지 않는다. 이 사회는 더 이상 "보이는 것은 좋은 것이며, 좋은 것은 보이는 것이다"[21]라고 말하지 않는다. 이 사회는 단지 "사정이 그렇게 됐다"고만 말할 뿐이다. 스펙타클의 사회는 자신은 더 이상 본질적으로 개혁 가능하지 않다고 솔직하게 고백한다. 비록 변화, 즉 모든 것을 최악의 것으로 변화시키는 것이 자신의 본성이기는 하지만…. 이 사회는 자기 자신에 대한 모든 환상을 잃었다.

권력의 모든 전문가들과 그들의 컴퓨터들이 여러 영역에서 계속해서 정보들을 찾기 위해 집결한다. 이는 병든 사회를 치료할 방법을 발견하기 위함이 아니다. 이는 프랑코나 부메디엔(Boumédiène)[22]에게 그랬던 것처럼, 적어도 혼수 상태까지라도, 할 수 있는 한 이 사회에 생존의 외양을 유지시키기 위한 정보들을 찾기 위함이다. 토스카니 지방의 옛 민요는 더 신속하게, 더 현명하게 결론을 이끌어 내고 있다. "그리고

---

21. 『스펙타클의 사회』의 테제 12.
22. 우아리 부메디엔 (Houari Boumédiène, 1932-1978)은 알제리의 군인이자 정치가였다. 그는 알제리민족해방전선(FLN)에 참가했고, 독립 직후 벤 벨라 휘하의 임시정부를 전복시켜 혁명평의회를 구성하여 급진 사회주의 노선을 표방하면서 알제리 공화국의 대통령에 취임한다.

삶은 죽음이 아니라네, 그리고 죽음은 삶이 아니라네. 노래는 벌써 끝났다네."²³

 이 책을 주의 깊게 읽을 독자는 이 책이 혁명의 승리나 혁명을 위한 작전 기간, 또는 혁명이 관통해야 할 가혹한 길들에 대해 어떤 종류의 확약도 제시하고 있지 않음을 보게 될 것이다. 종종 경박하게 호언되는, 모든 사람에게 완전한 행복을 가져오는 혁명의 역량에 대한 확약도 발견할 수 없을 것이다. 어떤 사람보다는 덜 단호하지만,²⁴ 나의 신념 — 역사적이고 전략적인 — 은, 삶은 단지 우리를 기쁘게 하는 것, 바로 이 이유 때문에 고통 없는, 악이 없는 전원시가 되어야 한다는 것이다. 오직 소수의 소유자들과 지배자들의 악행으로 인해 많은 사람들의 불행이 초래되는 것은 용인될 수 없다. 각자는 자기 활동의 산물이다. 수동성은 자신의 침대를 만들어 그곳에 드러눕는다. 계급 사회의 파국적인 해체에서 비롯된 최대의 성과는 사상 처음으로 인간 전체가 진정으로 자유를 원하는 것인지 알아보는 해묵은 문제를 시대에 뒤진 것으로 만들었다는 것이다. 인간은 이제 자유를 원할 수밖에 없게 됐다.

---

23. "E la vita non è la morte, E la morte non è la vita, La canzone è già finita."
24. 마르크스의 『자본』 초판의 「서문」 참조.

계급 없는 사회를 확립하고 그것을 유지하고자 하는 혁명의 난관과 광막함을 인정하는 것은 당연하다. 혁명은 프롤레타리아의 독립적인 집회가 있는 곳 어디에서나 그리 어렵지 않게 시작될 수 있다. 이 집회는 자신을 제외하고 어느 누구의 권위나 어느 누구의 소유권도 용납하지 않을 것이고, 모든 법을 초월하여 자신의 의지를 전면에 내세우면서 개인들의 분리, 상품경제, 국가를 폐지할 것이다. 그러나 혁명은 여전히 존속하는 어떠한 형태의 소외된 사회에게 한 조각의 영토도 양도함이 없이 오직 자신의 보편성을 강제할 때에만 성공할 수 있다. 바로 그때 우리는 어느 누구도 배제되지 않은, 세계의 끝까지 펼쳐진 또 하나의 아테네, 또 하나의 피렌체를 다시 볼 수 있을 것이다. 모든 적을 섬멸한 이 도시는 마침내 진정한 분열과 역사적 삶의 끝없는 대립에 즐겁게 몸을 맡길 수 있을 것이다.

덜 급진적인 어떤 현실적인 출구가 있을까? 누가 아직도 그것을 확신할 수 있겠는가? 불행하고 부조리한 현재에 대한 각 성과물과 각 계획에 환상 속의 모든 국가들의 필연적인 추락을 알리는 메네, 데겔, 우파르신이 새겨진다.[25] 이 사회의 종말은 임박했다. 이 사회의 이치와 미덕의 중량이 계측

---

25. 『다니엘서』 5장 25절 참조. "기록된 글은 이것이니, 메네 메네 데겔 우파르신이라."

됐고, 그것은 가벼운 것으로 판명됐다.[26] 이 사회의 주민들은 두 편으로 나뉘었다. 한 편은 이 사회의 소멸을 요구하고 있다.

(1979년, 1월)

---

26. 『다니엘서』 5장 27절의 전용. "데겔은 왕을 저울에 달아 보니 부족함이 보였다 함이요."

옮긴이의 글

드보르(Guy Debord, 1931-1994)의 『스펙타클의 사회에 대한 논평』은 1988년에 발표된다. 마치 이 책이 예견이나 한 듯이 1년 후 베를린 장벽이 붕괴된다. 외양상 세계는 새로운 시대의 출발처럼 보이는 냉전 시대의 종말과 마주한다. 그러나 드보르가 기대하는 역사의 운동은 냉전 시대의 종말이 아니다. 레닌주의에 기초한 국가 자본의 몰락이 자본의 전제적인 성격, 즉 스펙타클의 사회의 성격을 바꾸지 않기 때문이다. 이 사회의 본질에는 하등의 변화가 없으며, 오히려 그것이 강화되고 있다. 이것이 바로 『논평』의 첫 번째 의미이다. 스펙타클은 "기만적인 것," "속이는 것," "사칭하는 것," "유혹하는 것," "속임수를 쓰는 것," "자극적인 것"(테제 15)과의 등가물, 이를테면 상품 물신이 만들어 내는 환영이다. 이 책의 테제 2는 그것을 구체적으로 진술하고 있다. "스펙타클의 본질은 책임을 물을 수 없는 주권의 지위를 획득한 상품경제의 전제적인 지배와 이 지배를 동반하는 정권에 귀속된 새로운 기술들의 총체를 의미한다." 『논평』의 두 번째 의미는 자본 권력이 자신의 최후 국면에 활용하는 이러한 "새로운 기술들의 총체"와 관계한다. 이 기술들 중의 하나가 식민지화나 전쟁을 대체하는 테러리즘의 생산이다.

***

드보르에 대한 기초적인 사실들을 환기해 보자. 그의 '급진적인(radical)' 비판은 마르크스의 그것을 그대로 승계한 것이다. 그는 레닌이나 트로츠키, 알튀세르 따위의 마르크스주의자들에게 추호의 관심도 보이지 않는다. 예외가 있다면 로자 룩셈부르크, 안토니 판네코어크(Antonie Pannekoek), 아마데오 보르디가(Amadeo Bordiga) 정도일 것이다. 그의 관심은 마르크스가 『경제학-철학 초고』에서 지적하고 있는 "전도된" 세계이다. 우리는 도처에서 상품 물신의 군림을 참담하게 목도하고 있다. 그것은 지각, 감정, 지식, 이해를 강제하는 일종의 극장이다. 이 극장의 스크린은 상품이라는 빛을 굴절, 분산시키는 구조화된 프리즘, 물신의 생산물이자 물신적 스펙타클의 거대한 축적물의 장이다. 세계를 전체주의적 도정 속으로 이끄는 자본은 이처럼 상품 물신을 앞세워 절대적으로 전도된 세계를 인간 앞에 투영한다. 그렇다고 한다면 진실은 스크린에 비추어지는 것(=스펙타클)의 부정에 있을 수밖에 없다. 그것이 바로 "진정으로 전도된 세계에서 진실은 거짓의 한 계기이다"(『스펙타클의 사회』, 테제 9)라는 명제가 의미하는 바이다. 『스펙타클의 사회』를 읽은 독자들은 제1장의 제목이 "완성된 분리"임을 기억할 것이다. 분리는 소외의 등치 개념이다. 조금 후에 언급하겠지만 그것은 시기에 따른 (노동에 대한) 자본의 지배 양상과 관련이 있다. 마르크스는 위의 책에서 노동자(인간)가 감내해야 하는 세 가지의 소외, 즉 생산물과 활동 그리고 존재로부터의 소외를 지적했다. 여기에서 "존재로부터의 소외"는 드보르의 "분리"와 모종의 관계를 가지고 있다.

마르크스는 그 유명한 선언문의 첫 문장에서 "하나의 유령, 코뮌주의의 유령이 유럽을 사로잡고 있다"라고 천명했다. 사실 분리된 세계에서 태어나 성장해서 사회적 생활을 영위하고 있는 우리에게 분리 이전의 세계는 그저 문자적으로만 이해될 뿐이다. 그래서 상품 물신 이외에 우리에게 아무런 출구가 없어 보인다. 그럼에도 불구하고 우리는 유령의 목소리를 거역하지 못한다. 인간 존재는 실체가 없는 것으로 간주되는 유령의 영향에서 벗어날 수 없을뿐더러 어떤 의미에서는 그 영향을 기꺼이 받아들인다. 무엇 때문인가? 마르크스는 코뮌주의를 "인간의 유적(類的) 존재(Gattungswesen)의 실현"이라고 지적한다. 포이어바흐에서 연유된 유적 존재의 개념은 인간이 개체로서의 자기 자신뿐만 아니라 인간 종

(種)의 구성원으로서의 자기를 의식하고 있음을 암시하고 있다. 우리는 인간의 종적 요소를 우리 속에 간직하고 있다. 유적 존재는 호모 사피엔스라 불리는 인간 동물의 수십만 년의 역사와 관계한다. 여러 분야에서 사용되고 있는 용어들, 예를 들면 기원, 원천, 실재계, 실낙원, 꿈, 신화, 상징, 원형적 세계, (집단적) 무의식, 충동, 본능, 직관, 내재성, 유전자 등은 바로 유적 존재와 직간접적으로 관계하고 있다고 볼 수 있다. 마르크스와 드보르가 낙관적이라고 한다면 바로 이 부분이다. 상품 물신이 모든 것을 집어삼킨다 하더라도, 그것은 창자를 소유한 유적 존재로서 인간의 욕망, 진정한 인간적 삶을 향유하려는 인간의 욕구를 포획하지는 못할 것이다.

그래서 드보르를 이해하려면 역사를, 특히 장기간의 역사를 상정해야 한다. 그가 실천의 세계에 뛰어들면서 제일 먼저 수행했던 것은 예술의 폐지를 주장한 문자주의(lettrisme) 운동이었다. 이를 부르주아지 표현 양식으로서의 예술을 지양하는 운동이라고만 간주한다면, 그것은 역사의식이 결여된 판단이다. 예술은 분리의 여러 결과물들 중 하나에 불과하다. 30000년 전에 그려진 쇼베(Chauvet) 동굴벽화는 화가가 그린 그림이 아니다. 분리가 존재하지 않고 세계를 하나의 총체성(=전체)으로 보는 그 시기에 노동의 분할(분업)이 존재할 수 없다. 고대 게르만 공동체나 수 족(Sioux) 공동체에서는 경제, 정치, 노동, 철학, 국가, 화폐 따위가 필요치 않았다. 이유는 단순하다. 그들은 삶에 내재된 삶을 영위했기 때문이다. 존재의 공동체 속의 인간은 자신의 삶을 탈취당하지 않았기에 인간적인 삶을 생산할 수 있었다. 바로 이 지점에 분리 — 인간과 자연 사이의 분리, 인간과 다른 인간 간의 분리, 한 인간 내의 분리 — 를 지양하려는 드보르 비판의 "급진성"이 있다. 당연히 이에 입각하여 그의 철학적 준거도 확립된다. 소크라테스나 플라톤, 칸트 등은 분리에 기초한 사상가들, 이를테면 존재의 공동체가 아닌 소유의 사회를 대변하는 비판가들일 뿐이다. 당연히 그의 영감의 원천은 총체성의 회복을 위한 사상가들인 파르메니데스, 헤라클레이토스, 엠페도클레스, 헤겔, 마르크스 등이다. 물론 현대 자본주의 체제가 이러한 분리의 시발점이 아니다. 분리는 이미 물물교환이 생겨났던 신석기시대에 태동했다. 이 물물교환 행위 속에 벌써 월가(Wall Street)의 행동 규범이 내재돼 있다. 우리는 엥겔스의 『가족, 사유재산, 국가의 기원』(1884)과 『초기 기독교 역사에 대해』(1894)에서 존재의 공동체에서 소유의 사회로 이행하는 과정을 엿볼 수 있다.

13세기 이탈리아에서 시작하여 16-17세기의 영국을 거쳐 1789년 프랑스대혁명을 통해 진면목을 드러낸 현대 자본주의 체제는 분리를 가시화한다. 인간을 에워싸고 있는 상품물신은 인간을 탐욕스럽게 먹어 치우고서는 소외를 구조화한다. 1864년의 '제1인터내셔널'의 결성은 그것에 대한 첫 번째 대응 신호였다. 자본과 그 범주들(화폐, 국가, 노조, 은행 등)에 대한 여러 이론들이 이 국제조직에서 충돌한다. 마르크스는 블랑키, 카베, 푸리에, 프루동, 바쿠닌 등과 같은 교조주의자가 아니다. 이들은 자본의 범주를 수용하면서 '또 다른' 정치, '또 다른' 경제, 도시와 농촌의 '또 다른' 관계 등을 통해 사회의 변혁을 꾀한다는 점에서 교조주의자들이다. 블랑키주의자들은 기존 체제를 전복하기 위해 비밀 조직을 통한 활동을 주장했다. 마르크스는 유적 존재로서의 인간을 현존의 차원에서가 아니라 역사적 과정이라는 차원에서 이해했다. 그런 점에서 블랑키는 역사의 자기운동성을 깨닫지 못한 사람이다. 그리고 프루동은 상품 물신에 의한 자본의 범주들의 영속화를 깨닫지 못한 사람이다. 프루동은 새로운 상품, 새로운 화폐, 상호부조에 의한 프롤레타리아 은행을 꿈꿨다. 소외를 안정시키는 것이 가능한가? 소외는 제거의 대상이지 균형이나 조화의 대상이 아니다. 이미 경제적 착취를 감내하고 있는 사람들을 또다시 예속화하는 국가는 상품의 역동적인 운동에서 생기는 구조(사회적 조직)이자 모순적인 자본의 최고의 단위이다. 마르크스는 인간 공동체가 자신의 유적 존재를 전유하는 과정, 즉 코뮌화의 과정을 거쳐 이러한 국가와 화폐와 자본의 범주들이 폐지될 것이라고 생각한다. 그것이 역사의 실질적 운동이다. 인간에게는 의식적이든 무의식적이든 간에 이러한 유적 공동체를 찾기 위한 욕망과 투쟁의 욕구가 있다. 그리고 그것은 어떤 혁명 조직이나 지도자의 리더십을 요하지 않는다. 바로 이것이 드보르가 "제1인터내셔널"의 미니어처라고 할 수 있는, 50-60명 정도의 이론가들로 구성된 "상황주의자 인터내셔널(Internationale Situationniste)"과 함께 이론과 실천 작업에 몰두할 수 있었던 이유이다. 그는 기존 체제의 전복을 위해 좌익 정당이나 대규모의 혁명 조직에 가입하여 자신의 이념을 실현하고자 했던 전위대원이 아니다. 그는 그러한 것들을 오히려 혐오했다. 그는 역사의 자기운동을 믿는 사람이다. 역사가 투쟁을 선도하는 것이지 조직이 역사를 이끄는 것이 아니다. 그것이 바로 "프롤레타리아의 해방은 프롤레타리아 자신들의 작업이 될 것이다"라는 마르크스의 선언이 의미하는 바이다. 자본이 스스로를 무효화시키는 객관적 조건에 도달할 때, 프롤레타리아는 자기운동을 통해 자기해방을 성취할 것이다. 프롤레타리아의 해방은 자기를 제거하면서 새로운 유기적 공동체를 구축할 것이다. 우리는 1937년의 스페인의 아라곤과 발렌시아 지방의 여러 공동체들, 1956년 부다페스트의 코뮌, 그리고 천만 명의 시민들이 새로운 세계를 외쳤던 1968년 5월의 프랑스에서 그러한 징후를 관찰할 수 있었다. 물론 자본을 스스로 무효화시키는 조건이 성숙하지 못한 이유로 인해 이러한 운동들은 실패할 수밖에 없었다. 코뮌주의는 역사의 자기운동의 결과로서 세상에 등장할 것이다. 그래서 자본권력은 역사, 존재의 역사와 기억을 지우는 데 혈안이 돼 있다. "스펙타클은 역사와 기억을 마비시키고 역사를 유기하는 현재의 사회조직이다. 스펙타클은 역사적 시간의 토대 위에 건립되는 **시간의 허위의식이다**"(『스펙타클의 사회』, 테제 158); "이제 스펙타클의 정권은 생산뿐만 아니라 지각의 총체를 왜곡시킬 수단들을 소유하고 있다. 이 정권은 기억의 무소불위한 지배자이며, 동시에 아주 먼 미래를 만드는 기획을 결정짓는 통제 불능한 지배자이다"(『스펙타클의 사회에 대한 논평』, 테제 4).

***

『스펙타클의 사회에 대한 논평』에는 중요한 두 개의 레퍼런스가 있다. 첫째는 마르크스『자본』의 미출간된 장이다. 이 장에서 마르크스는 노동에 대한 자본 지배 — 형식적 지배와 실질적 지배 — 의 두 시기에 대해 설명하고 있다. 자본의 형식적 지배 시기는 대략 13세기 이탈리아 북부의 경제혁명에서 시작해서 영국의 산업혁명과 프랑스의 부르주아지 혁명을 거쳐 제1차 세계대전 종전까지의 시기라고 할 수 있다. 이 시기의 자본은 전자본주의적 생산양식들을 완전히 제거하지 못한 채 그것들과 전략적으로 공존한다. 상품 물신의 존재에도 불구하고 물화(物化, reification)가 완전히 진행되지 못한 채 전통적인 도덕이나 풍속이 존속하고 부르주아지가 여러 분야에서 생산수단을 소유하고 있으며, 국가나 정치가 여전히 힘을 발하는 시기이다. 두 번째 국면은 자본의 실질적 지배 시기이다. (물론 마르크스는 이 시기를 목격하지 못하고 세상을 떠난다.) 드보르가 스펙타클의 사회라고 명명하는 이 시기는 — 그는 1925년 전후를 스펙타클의 탄생 시기로 보고 있다(『스펙타클의 사회에 대한 논평』, 테제 2) — 자본이 자율성을 확보하면서 완성되는 시기이다. 자본의 실질적 지배 시기는 정치나 국가의 권한이 절대적으로 약화되며 물화가 완성되고 기계적 욕망의 발현이 모든 도덕을 대체하는 시기이다. 물론 부르주아지는 철저하게 궤멸된다. 이 시기에 가장 두드러진 특징은 두 계급의 부각에 있다. 오늘날 우리는 마르크스나 드보르를 접하지 않은 사람들마저도 도처에서 '양극화,' 또는 '1대99의 사회'라고 언급하는 것을 심심치 않게 들을 수 있다. 세계는 익명의 자본가계급과 절대다수를 차지하는 임금노동자계급(salariat)으로 나뉜다. 익명의 자본가라 함은 자본의 내재적 힘이 매 순간 자신을 수호할 인물들을 대체하면서 앞세우기 때문이다. 드보르는 "분리된 경제체제의 성공은 세계의 프롤레타리아화를 이끈다"(『스펙타클의 사회』, 테제 26)라고 지적하고 있다. 이는 프롤레타리아가 이제 보편적인 계급이 됐음을 말하고 있는 것이다. 주의해야 할 것은 프롤레타리아가 일용직 노동자나 광부처럼 어려운 노동 환경에 노출된 노동자를 의미하지 않는다는 사실이다. 그것은 고용의 불안정, 불평등, 빈곤화에 포섭된, 급여의 감옥에 예속된 임금노동자계급을 지칭한다. 물론 회계사나 의사 등으로 구성된, 이 두 계급의 중간 층위를 점유하는 집단이 있다. 상황에 따라 두 계급 중 하나와 연대할, 역사 운동에서 부차적인 역할을 할 이 집단은 계급이 아니라 일종의 사회계층이다. 두 계급의 전면적인 부상은 자본이 자기모순에 봉착했음을 의미한다. 자본은 과잉생산, 가공 자본, 이윤율의 저하 등으로 자신의 운동성을 상실하게 된다. 위와 유사한 위기가 노예제에 입각한 원시 자본주의, 가내수공업 및 공장제 수공업에 기초한 전자본주의 시대에도 발생했었다. 그리고 이 체제들은 역사에서 사라졌다. 이제 자본은 불가능한 운동 상태에 놓인다. 자본이 자신의 물질성의 물질성을 더 이상 생산하지 못하는 단계에 이른 것이다. 자본이 형식적으로 지배했던 시기에는 식민지화와 전쟁을 통해 그 돌파구를 찾을 수 있었다. 이윤율의 저하를 상정하면 현대의 전쟁은 본질적으로 경제 전쟁이다. 그래서 전쟁은 국지적인 것을 제외한다면, 양차 세계대전처럼 — 영국 대 독일, 미국 대 독일/일본 — 본질적으로 자본 권력을 선도하고 대표하는 1, 2등 국가나 지역 간에 발생할 수밖에 없다. 그런데 제2차 세계대전 후에는 북미 자본 권력에 의한 서유럽과 일본의 예속화 때문에 전쟁의 외양적인 이유가 사라졌다.

궤멸 위기에 봉착한 상품 물신은 어떤 방식으로 이 위기를 관리하는가? 상품 물신의 생명이 이 위기관리에 달려 있다. 이 책의 두 번째 레퍼런스인 조지 오웰의 『1984년』에는 그것에 관한 답이 있다. 물론 드보르는 루이 앙드리외(Louis

Andrieux)의 『경시청장의 추억』도 기억하고 있다. 프랑스 제3공화국 초기에 파리 경시청장이었던 앙드리외는 몇 가지의 정치적 목적을 위해 자기 휘하의 조직원들을 동원해 폭탄 테러를 감행했었다. 드보르는 말한다. "나는 이 주제[스펙타클]에 대한 나의 첫 번째 작업에 크게 만족하고 다른 사람들이 이 작업을 승계해 주기를 희망했을 것이다. 그러나 우리가 직면한 상황을 보건대, 어느 누군가가 이 작업을 승계하는 것은 요원해 보였다"(『스펙타클의 사회에 대한 논평』, 테제 27). 여기에서 그가 말하는 "우리가 직면한 상황"은 위기의 자본권력이 사회를 통치하는 방식이다. 이탈리아와 매우 각별했던 드보르는 1960-80년대에 이 국가에서 활용하는 긴장 유발 전략을 주의 깊게 관찰한다. 그는 NATO와 미국의 자본권력에서 벗어나려는 수상의 납치와 죽음을 통해 테러리즘과 국가의 밀접한 관계를 확인하게 된다. 오웰은 『1984년』에서 그것을 이미 암시하고 있다. 상품 물신을 수호하는, 진화된 전제주의 체제로서 민주주의는 『1984년』의 오세아니아 국가와 별반 다르지 않다. 내부 당원, 외부 당원, 그리고 80%가량의 무산계급으로 구성된 오세아니아 정부는 전쟁=평화, 자유=예속, 무지=힘이라는 등식을 내세우면서 스스로가 자신의 국가를 겨냥해 폭탄 테러를 감행한다. 오웰은 다음과 같이 기술하고 있다. "전쟁은 이제 지배 집단이 국민을 상대로 벌이는 싸움이며, 전쟁의 목적은 영토의 정복이나 방어가 아니라 사회 체제를 그대로 유지하는 데 있다." 바로 이

것이 통합된 스펙타클의 본질이며, 드보르도 이것을 가감 없이 언급하고 있다. "이 완벽한 민주주의는 자신의 상상할 수 없는 적, 예컨대 테러리즘을 만들어 낸다. (…) 이 테러리즘의 역사는 국가에 의해 쓰여진다"(『스펙타클의 사회에 대한 논평』, 테제 9). 위기의 자본은 사람들의 시선을 우회시킬 수단을 찾는다. 그래서 스펙타클 정권이 선택하는 핵심 전략은 두려움, 불안, 테러의 생산이다. 테러는 세계를 하나로 만든다. 사람들은 불안과 공포 속에서 하나로 결집되어, 신성한 단결을 맹세하면서 거대한 성찬식을 치른다. 상품 물신은 전제적인 감정의 물결 속에서 (임시적으로) 자신의 전제적인 질서를 유지할 수 있게 된다.

이 책이 발표되고 2년 후인 1990년에 이탈리아어 번역본이 출간된다. 아감벤은 이 번역본의 서문에서 다음과 같이 쓰고 있다. "드보르의 저술들과 관계해서 가장 소름끼치는 부분은 역사가 한 치의 오차도 없이 그의 분석을 추인하는 데 전념하는 것처럼 보인다는 점이다. 『스펙타클의 사회』가 출간되고 20년이 지나 발표된 『스펙타클의 사회에 대한 논평』(1988)의 진단과 예측이 모든 분야에서 정확한 사실로 드러나고 있다. 이 책이 출간된 지가 겨우 2년이 됐을 뿐인데 이 기간 동안에 사태가 아주 일률적으로 동일한 방향을 향해 속도를 내어 전진하고 있다. 오늘날 세계 정치는 이 책에 담긴 시나리오를 패러디하여 무대에 올려 상연하는 것처럼 보인다. 『스펙타클의 사회에 대한 논평』의 핵심적인 테제들 중 하나를 구성하는 통합된 스펙타클 속에서의 집약된 스펙타클(동유럽의 인민 민주주의)과 분산된 스펙타클(서구 민주주의)의 실체적 통일은 이제는 진부한 사실이 되었다. 세계를 두 진영으로 분할했던 쇠사슬과 견고한 벽이 단 며칠 만에 분쇄되고 말았다. 통합된 스펙타클이 모든 국가에서 완전하게 현실화되도록, 동구의 국가들은 레닌주의적 정당을 포기했고, 서구의 국가들은 다수당이 되기 위한 선거 전략과 대중매체에 의한 여론 통제를 우선시하면서, 이미 오래 전부터 사유와 소통을 위한 실질적인 자유와 권력의 균형을 단념했다." 『스펙타클의 사회에 대한 논평』이 출간되고 이제 사반세기가 지나갔다. 이 책의 테제 5에서 말하고 있는 통합된 스펙타클은 완전히 현실화됐다.

우리는 간단없이 세계의 이곳저곳에서 원인불명의 테러 소식을 접하고 있으며, 지정학적으로나 경제적으로 요충지인 중동 이슬람 지역이 벌써 수십 년 전부터 종교 근본주의자들의 지역이라는 오명을 뒤집어쓴 채 카오스화·황폐화되고 있음을 목도하고 있다. "무슬림형제단"은 오늘날 지하드의 기치를 내걸고 있는 수많은 이슬람교 단체들의 원천으로 간주되고 있다. 그런데 영국 정보국(MI6)이 자신의 자본 이익을 수호하기 위해 "무슬림형제단"을 창설했다는 사실을 얼마나 많은 사람들이 알고 있을까? 우리는 얼마 전 서구 언론이

'이슬람 극단주의 테러리스트들'이라고 부르는 사람들이 풍자 주간지 『샤를리 에브도(Charlie Hebdo)』 사무실에 침입하여 총기를 난사해 십여 명의 언론 종사원들을 살해한 사건을 기억한다. 우리는 TV 화면을 통해 공포와 연민 속에서 세계가 하나로 결집하는 것을 보았다. 약 40여 명의 국가 지도자와 수많은 시민들이 파리의 광장에서 "나는 샤를리다"를 외치며 이 가공할 테러를 규탄했다. 진실은 어디에 있는가? 유니세프(UNICEF)는 북미와 서유럽 민주주의 국가에 의한 이라크의 무역 제재 조치로 인해 1991년부터 2004년까지 130만 명의 이라크 어린이들이 희생되었다고 보고하고 있다. 드보르는 경고했다. 진실은 외양의 부정에 있다고….

***

오늘날처럼 많은 사람들이 외국어 해독 능력을 가지고 있으며, 또한 웹문서를 통해 모든 것을 확인할 수 있는 상황에서 번역의 필요성에 대해 회의감이 들곤 한다. 드보르가 자기 저술의 이탈리아어판 서문에서 암시하고 있는 것처럼, 좋은 번역이란 있을 수 없다. 긴 설명은 생략하겠지만, 이는 비단 오역의 문제만이 아니다. 그럼에도 번역이 존재해야 한다면 그것은 진실, 사태의 긴급성과 관계할 것이다. 옮긴이가 이 책의 주에서 소개한 내용은 많은 경우 이 책 영어본의 주를 참고했음을 밝히며, 아울러 이 짧은 해설을 쓰는 데 있어 『소유에 대항하는 존재』(2012)의 저자인 프랑시스 쿠쟁(Francis Cousin)의 강언에서 많은 도움을 받았음을 고백한다.